Fé e afeto

Dados Internacionais de Catalogação na Publicação (CIP)
(Câmara Brasileira do Livro, SP, Brasil)

Betto, Frei
  Fé e afeto : espiritualidade em tempos de crise / Frei Betto. – Petrópolis, RJ : Vozes, 2019.

  ISBN 978-85-326-6005-3

  1. Afeto 2. Bíblia – Interpretação 3. Espiritualidade 4. Fé 5. Reflexões 6. Teologia mística I. Título.

18-22218   CDD-248.4

Índices para catálogo sistemático:
1. Espiritualidade e mística : Cristianismo   248.4

Maria Alice Ferreira – Bibliotecária – CRB-8/7964

Frei Betto

Fé e afeto

Espiritualidade em tempos de crise

EDITORA VOZES

Petrópolis

© Frei Betto, 2019.
Agente literária: Maria Helena Guimarães Pereira
mhgpal@gmail.com

Direitos de publicação em língua portuguesa:
2019, Editora Vozes Ltda.
Rua Frei Luís, 100
25689-900 Petrópolis, RJ
www.vozes.com.br
Brasil

Todos os direitos reservados. Nenhuma parte desta obra poderá ser reproduzida ou transmitida por qualquer forma e/ou quaisquer meios (eletrônico ou mecânico, incluindo fotocópia e gravação) ou arquivada em qualquer sistema ou banco de dados sem permissão escrita da editora.

CONSELHO EDITORIAL

Diretor
Gilberto Gonçalves Garcia

Editores
Aline dos Santos Carneiro
Edrian Josué Pasini
Marilac Loraine Oleniki
Welder Lancieri Marchini

Conselheiros
Francisco Morás
Ludovico Garmus
Teobaldo Heidemann
Volney J. Berkenbrock

Secretário executivo
João Batista Kreuch

Preparação dos originais: Maria Helena Guimarães Pereira
Editoração: Maria da Conceição B. de Sousa
Diagramação: Sheilandre Desenv. Gráfico
Revisão gráfica: Nilton Braz da Rocha
Capa: Idée Arte e Comunicação
Ilustração de capa: Anna Om | Shutterstock

ISBN 978-85-326-6005-3

Editado conforme o novo acordo ortográfico.

Este livro foi composto e impresso pela Editora Vozes Ltda.

A Pedro Ribeiro de Oliveira

E às companheiras e companheiros
dos Grupos de Oração ao comemorar
40 anos de caminhada (1979-2019).

Sumário

A Bíblia tem razão? 11

Leitura literal da Bíblia 14

O silêncio de Deus 16

Silêncio 18

Guardar silêncio 21

Silêncio, medida do amor 23

A religião do medo 25

A nova religião 28

Capitalismo é religião? 29

Oração idólatra 31

Versão do Pai-nosso 34

Como orar 35

Manual de meditação 43

Meditação, a arte de mergulhar 44

Proveitos da meditação 46

Novos deuses da opulência 47

Avanços na moral católica 50

Deus e a diversidade de gêneros 52

A questão *gay* 54

A Igreja do não e a Igreja do sim 57

Comungar 59

Santos canônicos e anônimos 62

O santo dos incrédulos 64

Apóstolas, pioneiras do feminismo 66

Francisco e as mulheres 69

O que é ter fé 71

Fé & afeto 73

Profissão de fé 75

Apenas o amor interessa 77

Comer, amar, orar 79

Modalidades de fé 82

Qualidades de fé 84

Amor que não cabe no peito 86

O corpo no corpo no corpo 89

Tempo de esperança 91

Esperança em tempos distópicos 93

Perspectivas da espiritualidade cristã 96

Crise da vida espiritual 104

Vida espiritual como práxis 114

Espiritualidade em tempos de crise 119

Espiritualidade muçulmana 121

Dez conselhos para viver a religião no século XXI 123

Teologia e política 125

Relação fé e política 127

Forma mais perfeita de caridade 129

Espiritualidade e política 131

Mística 133

Novos desafios à Teologia da Libertação 138

Confissões de Santo Agostinho 149

Cultura do egoísmo 151

Quando eu era fanático 154

Arte da tolerância 156

Ainda a arte da tolerância 158

Semana (pouco) Santa 160

Dessacralizações 163

Evangelização educativa no mundo dos pobres 165

Católicos e evangélicos 169

Mercado da fé 171

É melhor ser ateu? 174

Minha fé no ser supremo 176

A crise civilizatória e o papel da ética 177

É possível ser ético? 187

Dor e sofrimento 189

Morrer é transvivenciar 191

Anseio de imortalidade 193

A morte do humano 195

A paz como fruto da justiça 199

O cristianismo como projeto civilizatório 200

Paixão ressuscitada 207

"Deus é um fogo abrasador" 210

Fantasiado de mim mesmo 226

Festa joanina 228

Nasce Jesus 231

Louvor holístico 233

Obras de Frei Betto 235

A Bíblia tem razão?

Os estudiosos da Bíblia se dividem em três tendências: maximalistas, minimalistas e centristas. Os maximalistas, tidos como fundamentalistas, consideram o texto bíblico literalmente verdadeiro. Viva Adão e Eva e fora Darwin!

Os minimalistas negam a veracidade histórica da Bíblia. Toda a história de Moisés, Davi e Salomão teria sido uma grande construção ficcional redigida por autores hebreus para justificar a lógica do poder em Israel.

Os centristas são ponderados. Na Bíblia se mesclam fatos históricos e míticos. A pesquisa científica, em especial a arqueologia, é capaz de separar alhos de bugalhos, graças sobretudo ao avanço da tecnologia do carbono 14.

Maximalistas, como Wellhausen e Albright, utilizaram a arqueologia para comprovar suas teses religiosas, comprometendo o princípio da neutralidade científica. Os minimalistas ou desconstrucionistas, como Kaefer e Finkelstein, argumentam que o texto bíblico reúne um elenco de narrativas lendárias misturadas a fatos históricos ocorridos entre os séculos IX a VI a.C. Assim, a Bíblia não pode ser considerada um relato confiável capaz de comprovar a história de Israel. É uma criação ideológica dos escribas hebreus dos períodos persa e helênico.

Os centristas leem a Bíblia no sentido inverso à ordem canônica dos livros. Utilizam o método do historiador Marc Block, conhecido como história regressiva. Parte-se do contexto em que o texto foi escrito. Graças a recursos como o carbono 14 já se sabe, por exemplo, que as datações do período salomônico do século X a.C. são, de fato, do século IX a.C., do reino de Acabe.

Abraão, Isaac, José, Moisés e Davi existiram de fato ou são criações literárias como Ulisses, Dom Quixote e Hamlet?

Até meados do século XIX, a maioria dos arqueólogos era formada por pastores, sacerdotes e teólogos dedicados à pesquisa com a picareta na mão e a Bíblia na outra... Novas técnicas são, agora, utilizadas. Além do carbono 14, a fotografia aérea, o georradar (que revela dados do subsolo), o paleomagnetismo (baseado na inversão da polaridade da Terra), os métodos de potássio árgon, datação radiométrica, medição da idade da matéria orgânica, termoluminiscência (para calcular a antiguidade da cerâmica), e a interpretação de idiomas antigos, quebram a mudez de inúmeros documentos e fragmentos.

Hoje se questiona se houve, de fato, a suposta migração de tribos provenientes da Mesopotâmia rumo ao oeste, com destino a Canaã. A arqueologia ainda não encontrou nenhum indício daquele deslocamento massivo de população.

As histórias dos patriarcas bíblicos (2000-1700 a.C.) estão repletas de camelos (Gn 24,10). Ora, o dromedário só foi domesticado no fim do 2º milênio antes da nossa era, e teve de esperar mais mil anos para ser utilizado como animal de carga no Oriente Médio.

É fato histórico o êxodo, a travessia do deserto, ao longo de quarenta anos, pelos hebreus libertados do Egito? Desde o século XVI a.C. o Egito ergueu, das margens do Nilo até Canaã, fortes militares. Nada escapava àquelas guarnições. E quase dois milhões de israelitas em fuga não lhes poderiam passar despercebidos. No entanto, nenhuma estela da época registra tal movimento migratório. Essa multidão não poderia atravessar o deserto sem deixar vestígios. O que há são ruínas de casarios de 40 a 50 pessoas, nada mais. A menos que a horda de escravos libertos, alimentada pelo maná que caía do céu, jamais tenha se detido para dormir e comer...

Supõe-se que, em fins do século VII a.c., funcionários da corte hebraica foram encarregados de compor uma saga épica, composta de uma coleção de relatos históricos, lendas, poemas e contos populares, para servir de fundamento espiritual aos descendentes da tribo de Judá. Criou-se, assim, uma obra literária, em parte elaboração original, em parte releituras de versões anteriores.

O conteúdo do Pentateuco ou da Torá teria sido elaborado 15 séculos depois do que se supõe. Os líderes de Jerusalém iniciaram uma intensa campanha de profilaxia religiosa e ordenaram a destruição dos santuários politeístas de Canaã. Ergueu-se o Templo para que fosse reconhecido como o único local legítimo de culto do povo de Israel. Daí resulta o monoteísmo moderno.

No período persa (538-330 a.C.), o povo hebreu, após o exílio na Babilônia, viveu na pequena província de Yehud. Estava fragilizado econômica e politicamente. Seu Deus havia sido derrotado pelo do Império Babilônico. Como conciliar tamanha frustração com o sonho de ser o único povo eleito de Javé? Graças ao persa Ciro, que os libertou, os hebreus recuperaram a autoestima ao criar uma coletânea de relatos sobre as façanhas do Deus único, histórico, supranacional e senhor do Universo.

De Abraão a Davi, a narrativa bíblica é um mito fundacional, assim como Virgílio, em sua *Eneida*, criou a fundação mítica de Roma por Eneias. Os vencidos reescreveram a história, destacaram-se em uma epopeia acima de todos os povos e resgataram a própria identidade.

Portanto, a Bíblia não caiu do céu. É obra de um povo sofrido, cujo sentimento religioso o levou a se empenhar em descobrir um novo rosto de Deus e recriar sua identidade histórica. Isso, sim, foi um milagre.

Arqueólogos encontraram, na Península do Sinai, inscrições que comprovam que se cultuavam Javé e sua esposa Asherá ou Asserá. E 2Rs 23,6 registra que Asherá figurava entre outras divindades do Templo de Jerusalém até a época de Josias, que mandou queimá-la. Isso demonstra que Israel nem sempre foi monoteísta.

Segundo Reimer (2009), Israel foi politeísta em seus primórdios. A localidade de Kuntillet Ajrud, escavada entre 1975 e 1976 pela equipe do Instituto de Arqueologia da Universidade de Tel Aviv, encontrou fragmentos de cerâmica, de fins do século IX e início do VIII a.c., com esta inscrição em paleohebraico: "Para Javé de Samaria e sua Asherá".

A Bíblia tem alma, espírito religioso, mas nem sempre tem razão ao se referir a fatos históricos. Tais descobertas científicas não abalam a fé, exceto a daqueles que baseiam suas convicções históricas nos relatos bíblicos. A fé, como o amor, é uma experiência espiritual, dom divino, e quando madura não se apoia nas muletas da ciência, assim como a matemática e a física não dispõem de equação que possa explicar o que une duas pessoas que se amam.

Leitura literal da Bíblia

Para os cristãos, a Bíblia é Palavra de Deus. Todo texto, porém, é lido a partir de um contexto no qual o leitor extrai o pretexto, o efeito da leitura em sua vida.

O lugar social no qual se situa o leitor influi em seu lugar epistêmico. Por isso, o mesmo texto bíblico é interpretado de modo diferente se lido na academia ou em uma Comunidade Eclesial de Base.

Na tentativa de evitar hermenêuticas equivocadas, cabe à autoridade religiosa indicar a interpretação correta. Isso, entretanto, não é solução. A autoridade não é isenta de múltiplas influências. Durante séculos a Igreja Católica aceitou a versão criacionista, segundo a qual procedemos todos de Adão e Eva. Darwin e o evolucionismo comprovado pela ciência demonstraram que somos todos descendentes de macacos.

Ler a Bíblia fora do contexto pode induzir o fiel desavisado a odiar seu pai e sua mãe para aderir a Jesus (Lc 14,26). Um cristão tinha por hábito sortear, toda manhã, um versículo dos evangelhos como motivação espiritual. Ao abrir o texto em "Amai o próximo como a si mesmo", adotou, naquele dia, postura mais atenciosa com a faxineira, o ascensorista e a copeira do escritório.

No dia seguinte caiu-lhe o versículo 5 do capítulo 27 de Mateus, sobre a culpa de Judas: "E ele foi e se enforcou". Ciente de que a vida é o dom maior de Deus, permitiu-se uma segunda chance. Deparou-se com o último versículo da parábola do Bom Samaritano: "Vá e faça o mesmo".

Ora, como Deus não quer o mal, ele se deu uma última oportunidade. Veio-lhe este versículo da paixão de Jesus em João: "O que tem a fazer, faça depressa" (13,27).

A leitura literal da Bíblia ou a pescaria de versículos que tira o texto de seu contexto, é hoje utilizada para fundamentalistas bradarem que a Bíblia condena a homossexualidade. Ora, em toda ela há apenas três versículos que podem ser interpretados nessa linha (Gn 19,1-28; Lv 18,22; Rm 1,26-27).

Ainda que houvesse mais versículos, há que levar em conta que a Bíblia foi escrita dentro de uma cultura patriarcal, machista, e nem tudo que ela diz pode ser tomado ao pé da letra. Caso contrário, os fiéis não poderiam, hoje, comer carnes de porco, coelho, lebre e mariscos, proibidas em Lv 11. Nem produtos embutidos (At 15,19-29).

O apóstolo Paulo proíbe que homens preguem com a cabeça coberta (1Cor 11,4). Quantos bispos não o fazem ostentando a mitra? Paulo assinala que estar casado e ser bom marido é requisito para ser eleito bispo (1Tm 3,2). E ainda recomenda que nos submetamos a toda autoridade, ainda que ditatorial (Rm 13,1-2). "A letra mata, o Espírito vivifica" (2Cor 3,6), proclama o mesmo Paulo. E o próprio Jesus ousou nos posicionar em uma nova ótica quanto aos textos do Antigo Testamento: "Ouviram o que foi dito; eu porém afirmo..." (Mt 5).

A fidelidade à Palavra de Deus não se coaduna com a intolerância, o preconceito e a discriminação. E Deus só se faz presente onde há amor (1Jo 4,16).

O silêncio de Deus

Incomoda-nos o silêncio de Deus, tema recorrente na obra magnífica de Carlos Heitor Cony. Até o papa Bento XVI, ao visitar Auschwitz, em abril de 2010, exclamou: "Por que, Senhor, permaneceste em silêncio? Como pudeste tolerar isto? Onde estava Deus nesses dias?"

Albert Camus concluiu que ou Deus é onipotente, mas é mau, ou é bom, mas impotente. De fato, paira a indagação se Deus deserdou a humanidade ao se constatar tantas atrocidades: de Auschwitz a Hiroshima; do genocídio indígena na América Latina ao uso de drones *Made in USA* que, no Oriente Médio, provocam destruição e mortes até mesmo em hospitais de campanha do Médicos Sem Fronteiras. Hordas de imigrantes promovem um novo êxodo rumo a países ditos cristãos e estes, horrorizados, fecham suas fronteiras e seus corações.

Deus faz silêncio na vida de tantos adultos que na infância creram nele e, agora, nas pegadas de Nietzsche, o descartam como uma ilusão destinada a tentar compensar na vida além da morte o sofrimento inexplicável nesta existência.

"Como Deus pode existir se há tantas crianças condenadas à fome, a doenças incuráveis, à crueldade dos adultos?", perguntava Betinho, meu companheiro na Ação Católica. E aqueles que nele creem são mais éticos e justos do que os ateus? As maiores atrocidades da história foram cometidas por nações que se consideram predominantemente cristãs, como a Inquisição, o colonialismo, a escravatura, o nazismo e as duas grandes guerras.

Ora, quantos cristãos enchem a boca com o nome de Deus, e inclusive o bolso graças a Ele, e trazem o coração repleto de ira, ódio, vingança e preconceitos! Quantos exploram a boa-fé do rebanho de fiéis para extorquir, corromper e multiplicar seus negócios, e ainda prometem o inferno a quem os denuncia!

Até Jesus experimentou o silêncio de Deus: "Meu Pai, meu Pai, por que me abandonaste?" (Mc 15,34). Em dois ou três períodos de minha vida, como na prisão sob a ditadura civil e militar, também indaguei onde Deus se escondia.

Não é a fé em Deus que importava para Jesus. A fé é um dom, e muitos não o receberam. O importante para ele era se a pessoa vivia, ainda que sem fé, os valores humanos (que coincidem com os valores evangélicos): amor ao próximo, justiça aos oprimidos, solidariedade, tolerância e compaixão. Quem assim age faz o que Deus espera de cada um de nós.

Por isso Jesus enfatizou que muitos que não creem e abraçam tais valores haverão de perguntar do outro lado da vida: "Quando te vimos com fome e te demos de comer?" E o Senhor dirá: "Todas as vezes que fizeste isso ao menor dos meus irmãos, a mim o fizeste" (Mt 25,37-40).

Jesus não veio fundar uma religião ou uma Igreja. Veio nos propor um novo projeto civilizatório, baseado no amor e na justiça – a globalização da solidariedade, como definiu o papa João Paulo II. No reino de César Ele pagou com a vida o fato de anunciar um outro reino, um "outro mundo possível", o de Deus. Não, como muitos pensam, situado apenas do outro lado da vida, mas aqui e agora, e cujo protótipo Ele encarnou. Por isso nos ensinou a orar: "Venha a nós o vosso Reino".

O modo de entender a presença de Deus em nossas vidas depende da ideia que temos de Deus, como o demonstra a emblemática história de Jó, cujos amigos, inconformados diante daquela fé inabalável, o instigavam a repudiar Deus que o fazia sofrer.

Certa vez, indignado com o silêncio omisso de Deus perante tanta injustiça, um homem entrou em uma igreja vazia e, junto ao altar, pôs-se a gritar: "Tanta maldade no mundo, e o Senhor não faz nada? Não reage à violência, à miséria, a tanto sofrimento de suas criaturas?"

Deus quebrou o silêncio e respondeu: "Eu já fiz".

"Como já fez? Fez o quê?", indagou o homem revoltado.

"Fiz você", disse Deus.

Silêncio

A simples pronúncia ou leitura da palavra silêncio causa espanto hoje em dia. Quem busca silêncio? Quem sabe fazê-lo? Sintoma que evidencia quão ruidosa é a sociedade pós-moderna.

Vivemos na era panóptica, na qual é difícil escapar de assédios alheios na forma de ruídos. Ruídos não se resumem a sons captados pela audição. Nossos cinco sentidos são permanentemente afetados pela avalanche de informações, imagens, apelos publicitários etc. E a voracidade de querer fazer tudo ao mesmo tempo e estar em permanente conexão digital nos faz experimentar como frustração nossos próprios limites.

Estar só se tornou uma experiência ameaçadora. Tememos a solidão, talvez pelo medo do encontro consigo mesmo. "Ama o próximo como a si mesmo." Simples. Quem não se gosta não se sente à vontade para estar só. E tem mais dificuldade de amar o próximo.

Náufragos sem boia em pleno mar revolto, urge nos apegar a algo, encontrar urgentemente uma alteridade virtual. Pode ser a TV, o rádio, alguém no Facebook ou alguma coisa que nos entretenha e impeça que o silêncio se instaure.

O silêncio é quebrado pela ansiedade e a imaginação, "a louca da casa". E também por símbolos, logotipos, outdoors, linhas arquitetônicas de mau gosto. A poluição visual desgasta o espírito. A cidade encobre a sua beleza com a propaganda que sujeita o olhar à solicitação incessante.

Em matéria de dependência, a predominância é do celular. Repare no metrô, no ônibus, no aeroporto, em restaurantes e *shoppings*. Ninguém está consigo mesmo. Quase todos surfam nas redes digitais, muitas vezes envolvidos em contatos desprovidos de afeto e empatia. Pessoas que se tornam objetos de seus objetos, impossibilitadas de se assumirem como sujeitos, incapazes de repetir com Cecília Meireles em "Serenata":

Permita que agora emudeça:
que me conforme em ser sozinha.

O silêncio constrange quem não sabe acolhê-lo. Só é suportável quando o sono aplaca a audição. Imagine uma refeição na qual todos se calam em torno da mesa. Seria suficiente para sentir o peso opressivo do silêncio. No entanto, outrora os monges se alimentavam calados. A única voz no refeitório era a do leitor, responsável por nutrir-lhes a mente e o espírito enquanto cuidavam do corpo.

Costumo indagar do jovem casal que se prepara para o matrimônio: Vocês são capazes de estar sós em uma sala, e permanecer em silêncio sem que um se sinta constrangido pelo fato de o outro não dizer nada? Se a resposta é negativa, alerto para a imaturidade da relação. E do risco de a alteridade dar lugar à submissão de um ao outro.

O silêncio perturba porque nos remete à desafiadora via do mergulho em nós mesmos. Desnudar-se frente ao espelho da subjetividade. Desprover-se de todos os artifícios que nos convocam à permanente exposição. Ousar viajar para a morada interior na qual habita aquele que não sou eu e, no entanto, é Ele quem revela a minha verdadeira identidade. Então, o silêncio se faz epifania.

Há pessoas tão densas de silêncio que, sem nada dizer, bradam alto. O silêncio do sábio é eloquente, como o do santo é questionador. Ao se calarem, excluem-se da competição verborrágica. Por isso, sobrepõem-se aos demais. Guardam para si as pérolas que os outros atiram aos porcos.

Saber se calar é sabedoria. Só quem conhece a beleza do silêncio, dentro e fora de si, é capaz de viajar por seu próprio mundo interior – pacote impossível de ser encontrado em agências de turismo. Trata-se de uma exclusividade dos sábios e das tradições espirituais milenares.

Guardar silêncio

Avanços outrora alcançados pela humanidade se perdem por falta de uso e a ausência de memória. Quem curte cozinha bem o sabe. Minha mãe fazia um delicioso Miss Guynt, abrasileirado para "missiguinte", bolo de quatorze camadas finas embebidas de conhaque e recheadas de goiabada em calda – na falta de cerejas utilizadas pelos britânicos antes de se fixarem na mina de Morro Velho, em Minas, onde ela aprendeu a receita.

Minha mãe tornou-se mestra na arte desse bolo que, quanto mais velho, melhor, e quanto mais fina a fatia, mais saborosa. Hoje, dos oito filhos, apenas dois dominam o seu preparo.

O gesto que não cria hábito não vira tradição. Por isso, já não sabemos a receita dos pães egípcios que levavam semanas para desidratar, e por isso eram os preferidos dos navegadores; nem dos cicatrizantes medievais aplicados após a retirada de ventosas da pele.

Uma riqueza inestimável que ora se perde é o silêncio. Nossa sociedade é ruidosa nos mínimos detalhes. Malgrado o avanço da tecnologia, ainda não se inventaram liquidificadores e britadeiras silenciosos. Há muitas "falas" ao nosso redor. A publicidade de rua esgarça o nosso espírito. Daí ser um deleite para a alma caminhar por uma cidade desprovida de outdoors, como Praga. Os olhos ficam descansados quando podem apreciar a natureza e a estética dos monumentos arquitetônicos. Como dá prazer fitar o mar que, como dizia Hélio Pellegrino, é o pão do espírito!

Há quem tema o silêncio e, ao entrar em casa, trata de ligar todos os aparelhos: telefone, TV, rádio etc. São pessoas incapazes de escutar o silêncio interior. Sentem dificuldade em "amar o próximo como a si mesmo". Quem não se gosta, resiste a gostar dos outros. E desconta neles o mal-estar íntimo. É no silêncio que posso descobrir um Outro que não sou eu e, no entanto, como salientou Tomás de Aquino, funda a minha verdadeira identidade.

Meus pais, aos 60 anos de casados, passavam horas, lado a lado, em silêncio. Ela bordando, ele lendo, na suavidade de quem aprendeu que a profundidade do sentimento dispensa palavras. Como a oração que agrada a Deus.

No litoral capixaba, saí de madrugada num barco com três pescadores. Fomos recolher redes em alto-mar. O que mais me impressionou foi o silêncio entre eles, como se temessem precipitar o despertar do dia. Mesmo na penumbra, um adivinhava a vontade e o gesto do outro.

Conheço o silêncio dos monges, embora os conventos atuais, encravados nas cidades, sejam em geral ruidosos. Nas exceções à regra, os religiosos comem em silêncio, caminham pelo claustro sem que ninguém os interrompa, ficam horas na capela deixando-se inebriar pelo Mistério.

Hoje, muitos praticam meditação em busca de silêncio. Querem mergulhar no próprio poço e beber da fonte de água viva.

As novas gerações já não aprendem a fechar os olhos para ver melhor. Sabem pouco das grandes tradições espirituais; curvam-se sem reverência; ajoelham-se sem orar; meditam sem contemplar; ignoram que a solidão é um exercício de solidariedade. Não escutam o Mistério, nem auscultam o Invisível. São cada vez mais raros os jovens que fazem a experiência de deixar Deus falar neles, assim como o amado desfruta da presença invisível e, no entanto, envolvente, da amada.

O silêncio é a matéria-prima do amor, ensinava José Carlos de Oliveira, um dos melhores cronistas da história deste país. Mas quem haverá de se lembrar dele se nem somos capazes de cultivar a vida interior?

Silêncio, medida do amor

É ruidoso o mundo em que vivemos. Há demasiadas máquinas de fazer barulho: telefone, rádio, TV, veículos, eletrodomésticos, campainhas. Nosso cérebro se habitua tanto à sonoridade excessiva que custamos a desligá-lo. Uns preferem remédios que façam dormir. Outros, a bebida.

Assusta-nos a hipótese de manter a casa em silêncio. Decretar o jejum de ruídos; desligar rádio, TV e telefone. Isso pode levar ao pânico. A "louca da casa", a imaginação, entra em rebuliço, supondo que há uma notícia importante a ser ouvida ou um telefonema de urgência a ser recebido. Ou se experimenta o medo de si mesmo. Sentir-se ameaçado por si mesmo é uma forma de loucura frequente em quem, súbito, vê-se privado de sons exteriores. Como alguém preso no elevador. Não é a claustrofobia que amedronta. É o peso de suportar-se a si mesmo, entregue a seus próprios ruídos interiores.

No antigo mundo rural, o silêncio era companheiro. Não havia meios de comunicação e as distâncias, cobertas a pé, a cavalo ou de charrete, faziam do viajante solitário cúmplice do silêncio emanado da paisagem. A fé evocava a presença invisível de Deus, santos ou fantasmas.

O silêncio é a medida do amor. Só quem se ama sabe curtir o silêncio a dois. O silêncio queima quando o muito que falar fica atravessado na garganta. Se a presença do outro incomoda, o silêncio pesa toneladas. E, na falta de diálogo, corre-se o risco de explosão. É qual uma represa prestes a romper o dique e afogar quem se encontra pela frente. De repente, a emoção reprimida arrebenta e, em volta, chovem, em estilhaços, o respeito, a cortesia, a honra própria e alheia. As palavras multiplicam-se, sôfregas, na tentativa de aliviar a tensão.

Os monges nutrem-se de silêncio. Monge vem de *monachós*, solitário. Nos mosteiros e conventos aprendemos a gostar da solidão, ouvir a voz interior, estar a sós para nos sentir intimamente acompanhados, tapar os ouvidos para escutar e auscultar Aquele que faz em nós sua morada. Enfim, fechar os olhos para ver melhor, como sugeria Martí.

Os índios tribalizados sabem fazer silêncio. E como os monges, valorizam as palavras. Assim são também os orientais, comedidos em suas expressões. Já os ocidentais são palradores, falam muito e dizem pouco.

No Evangelho, Jesus recomenda não multiplicarmos as palavras na oração. O Pai sabe de que necessitamos. Todavia, somos desatentos ao conselho. No Ocidente, falamos de Deus, a Deus, sobre Deus. Quase nunca deixamos Deus falar em nós. Agimos como aquela tia que ligava para minha mãe: falava tanto, que nem se dava conta de que mamãe largava o fone, retornava à cozinha, mexia as panelas e voltava ao telefone...

A meditação é a escola do silêncio. Como a nossa cultura é avessa a essa prática, tememos fazer calar as vozes exteriores e interiores. Quem medita sabe mergulhar no silêncio e enxergar o que não se pode ver à superfície.

Quem muito se explica, muito se complica, pois teme a própria singularidade.

É terrível o espectro de uma parcela dessa geração que se nutre de ruídos desconexos. Comunica-se por um código ilógico; balbucia letras musicais sem sentido; entope de sons os ouvidos, na ânsia de preencher o vazio do coração. São seres transcendentes, porém cegos. Trafegam por veredas perdidas, sem consciência de que procuram fora o que só pode ser encontrado dentro.

Quem cala, consente? O sábio, com sente. Capta melhor o drama ou a alegria alheia. Compaixão. Qual um radar, não emite sons e, no entanto, apreende o que se passa em volta.

O índex do totalitarismo do consenso neoliberal decreta, hoje, o silêncio dos conceitos altruístas. Gritam-se competitividade, concorrência, *performance*, disputa, privatização... Calam-se solidariedade, cooperação, doação, partilha, socialização. Edifica-se a barbárie em nome de uma civilização prometeica, na qual muitos são os excluídos e poucos os escolhidos.

A religião do medo

Muitos cristãos foram educados na religião do medo. Medo do inferno, das chamas eternas, das artimanhas do demônio. E quando o medo se apodera de nós, adverte Freud, transforma-se em fobia. Recurso sempre utilizado por instituições autocráticas que procuram impor seus dogmas a ferro e fogo, de modo a induzir as pessoas a trocar a liberdade pela segurança.

Quando se abre mão da liberdade, demite-se da consciência crítica, omite-se perante os desmandos do poder, acovarda-se agasalhado pelo nicho de uma suposta proteção superior. Foi assim na Igreja da Inquisição, na ditadura estalinista, no regime nazista. É assim a xenofobia ianque, o terrorismo islâmico e os segmentos religiosos que dão mais valor ao diabo que a Deus, e prometem livrar os fiéis de males através da vulgarização de exorcismos, curas milagrosas e outras panaceias para enganar os incautos.

Em nome de uma ação missionária, milhões de indígenas foram exterminados na colonização da América Latina. Em nome da pureza ariana, o nazismo erigiu campos de extermínio. Em nome do socialismo, Stalin ceifou a vida de 20 milhões de camponeses. Em nome da defesa da democracia, o governo dos Estados Unidos semeia guerras e, no passado recente, implantou na América Latina sangrentas ditaduras.

Convencer fiéis a abdicarem de recursos científicos, como a medicina, e de boa parte da renda familiar para sustentar supostos arautos do divino, é explorar os efeitos sem alertar para as causas. Já que no Brasil milagre é o povo ter acesso ao serviço de saúde de qualidade, haja engodo religioso travestido de milagre!

A religião do medo alardeia que só ela é a verdadeira. As demais são heréticas, ímpias, idólatras ou demoníacas. Assim, reforçam o fundamentalismo, desde o bélico, que considera inimigo todo aquele que não reza pelo seu livro sagrado, até o sutil, como o que discrimina os adeptos de outras tradições religiosas e sataniza os homossexuais e os ateus.

A Modernidade conquistou o Estado laico e separou o poder político do poder religioso. Porém, há poderes políticos travestidos de poder religioso, como a convicção ianque do "destino manifesto", como há poderes religiosos que se articulam para ocupar os espaços políticos.

Até o mercado se deixa impregnar de fetiche religioso ao tentar nos convencer de que devemos ter fé em sua "mão invisível" e prestar culto ao dinheiro. Como afirmou o papa Francisco em Assis, a 5 de junho de 2013, "se há crianças que não têm o que comer [...] e uns sem abrigo morrem de frio na rua, não é notícia. Ao contrário, a diminuição de dez pontos na bolsa de valores constitui uma tragédia".

Uma religião que não pratica a tolerância nem respeita a diversidade religiosa, e se nega a amar quem não reza pelo seu Credo, serve para ser lançada ao fogo. Uma religião que não defende os direitos dos pobres e excluídos é, como disse Jesus, mero "sepulcro caiado". E quando ela enche de belas palavras os ouvidos dos fiéis, enquanto limpa seus bolsos em flagrante estelionato, não passa de um "covil de ladrões".

O critério para se avaliar uma verdadeira religião não é o que diz de si mesma. É aquela cujos fiéis se empenham para que "todos tenham vida, e vida em abundância" (Jo 10,10) e abraçam a justiça como fonte de paz.

Deus não quer ser servido e amado em livros sagrados, templos, dogmas e preceitos. E sim naquele que foi "criado à sua imagem e semelhança": o ser humano, em especial aqueles que padecem fome, sede, doença, abandono e opressão (Mt 25,36-41).

A nova religião

Expande-se mundo afora uma religião secular que, ao contrário das outras, congrega fiéis sem que eles se deem conta de que são seus adeptos. Sua teologia utiliza também o medo como forma de submissão. A diferença é que, para ela, o inferno não se situa do outro lado da vida. Seus demônios estão entre nós, são os terroristas e os suspeitos de terrorismo. A qualquer momento podem abrir a porta do inferno disparando suas armas e explodindo bombas.

Arrependam-se de seus pecados! Nada de utopia, esperança, outro mundo é possível – bradam os seus arautos. Basta entrar em um *shopping center* para conhecer o Paraíso. Ali não há mendigos, crianças de rua, lixo jogado nas calçadas. Tudo brilha! Os veneráveis objetos de consumo são acolitados por belas sacerdotisas em suas preciosas capelas.

Sejam devotos de quem lhes pode assegurar segurança. Nada de se voltarem a figuras do passado, como Jesus. Agora a fé deve prestar culto aos novos messias que, do alto de seus tronos, prometem um futuro melhor e cujas mãos têm o poder de antecipar o Apocalipse pela aniquilação nuclear.

Creiam no deus Mercado! Em si, ele escapa ao entendimento humano. Manifesta-se, contudo, na Bolsa de Valores, onde se decide a perdição ou a salvação de milhares de fiéis; nos paraísos fiscais, sacrários indevassáveis reservados aos eleitos; nos derivativos, tão abençoados e voláteis como os anjos.

O deus Mercado é infalível. Com a sua mão invisível, regula a produção, a comercialização e o consumo. E combate o Leviatã chamado Estado.

Mas, e a desigualdade social que assola o planeta? Tal objeção herética procede de quem não acolhe os dogmas da nova religião. Deus é bom, mas os homens se deixam seduzir pelas artimanhas do diabo, clamam seus sacerdotes. São tomados pela preguiça, a ociosidade, o desalento. Não trabalham o suficiente para se tornarem empreendedores. Devem, portanto, merecer o castigo da pobreza e do desamparo. Vejam aqueles que confiam nos dogmas do mercado! São felizes, prósperos, ricos!

É isso que se chama idolatria.

Capitalismo é religião?

O capitalismo é uma religião? Parece que sim. O Vaticano fica no FMI e no Banco Mundial, cujas ordens dali emanadas devem ser religiosamente respeitadas. Roma, em Wall Street. O papa, o presidente do Federal Reserve Bank, banco central dos Estados Unidos. O apóstolo Paulo, Adam Smith. Entre seus teólogos se destacam Locke, Keynes, David Ricardo, Hayek e Friedman. A teologia, o liberalismo. O deus, o mercado, cujas mãos invisíveis regulam as nossas vidas.

A Meca fica em Davos. Todos os anos cardeais e bispos devem peregrinar até a cidade suíça para acertarem seus relógios. Suas basílicas, as bolsas de valores, para as quais se voltam atentos olhos, corações e bolsos dos que ali depositaram seus dízimos. As capelas, os bancos, que prometem operar o milagre da multiplicação das moedas a eles confiadas.

Seu dogma de fé proclama que fora do mercado não há salvação. O céu, a riqueza; o purgatório, as dívidas; o inferno, a falta de crédito e a exclusão social. Nas notas de dólar está gravado *In God we trust* (Em Deus confiamos). Houve pequeno erro de grafia. A frase correta é *In Gold we trust* (No Ouro confiamos).

Trata-se de uma religião canibal. Apropria-se até mesmo de Deus ao apregoar que Ele criou o mundo desigual, para que os ricos sejam generosos com os pobres, e estes lutem meritoriamente por seu lugar ao sol.

O que seria dos pobres se os ricos não lhes dessem empregos e pagassem o salário que lhes assegura a sobrevivência?

Seus santos, venerados por gerações, são Rothschild, Rockfeller, Ford, Bill Gates, Mark Zuckerberg e tantos outros afortunados. A teologia é disseminada mundo afora pelas confrarias GM, Sony, Coca-Cola, Nestlé, Apple e muitas outras marcas famosas. Quem é fiel a elas alcançará a felicidade, prometem os arautos da fé financista.

O Santo Ofício são as agências de risco que aprovam ou desaprovam as nações interessadas em investimentos. O catecismo, as obras de Walt Disney, que ensinam às crianças como ser resignadas como Donald, sovinas como Tio Patinhas, idiotas como o Pateta.

O capitalismo aponta os demônios dos quais todos os fiéis devem se manter distantes, como o socialismo e o comunismo. *L'Osservatore Romano* são o *Wall Street Journal* e *The Economist*.

Enquanto o cristianismo prega a solidariedade, o capitalismo incentiva a competição. O cristianismo recomenda o perdão, o capitalismo a desapropriação. O cristianismo, a partilha; o capitalismo, a acumulação. O cristianismo, a sobriedade; o capitalismo, a ostentação.

Nas grandes cidades erguem-se as catedrais desta religião de culto ao dinheiro: os *shopping centers*. Neles, os fiéis do consumismo se deslumbram diante das sofisticadas capelas que, acolitadas por belas sacerdotisas, exibem os veneráveis produtos dotados do miraculoso poder de imprimir valor a quem os adquire.

Aqueles que cometem o pecado de acreditar em ética, compaixão, partilha e justiça, a religião capitalista, que sacrifica no altar do deus Dinheiro a vida dos pobres para assegurar a dos ricos, condena ao limbo os excluídos do festim dos eleitos.

Oração idólatra

Tu és o meu Senhor e meu Deus. Penso em ti em todas as horas de todos os meus dias, ao acordar e me alimentar, ao trabalhar e me divertir, e a tua existência povoa meus sonhos à noite.

Ao despertar, meu primeiro pensamento a ti se dirige. Ao longo do dia, deixo-me guiar pela tua luz. Ela refulge em tudo que me cerca, das roupas que me vestem aos adereços que trazem encanto à minha vida.

Com a tua presença sinto que os meus pés pisam em terra firme. Já a tua ausência me entristece por atirar-me aos braços do desamparo. Senhor, poupa-me da pobreza e conduze-me às trilhas da prosperidade.

És a minha alegria e o meu consolo, pois em ti deposito toda a minha confiança. O que seria de mim sem a tua companhia? Como eu poderia viver sem o teu respaldo? Tu és a minha salvação!

Guardo-te como as pupilas dos olhos. A cada hora confiro a tua bênção à minha vida e me asseguro de que sou digno de teus abundantes dons. Eles me fazem sentir amado e abençoado, salvo dos infortúnios e dos males que tanto afligem aqueles que não gozam de tua proteção.

Em ti ponho a minha segurança. Graças a ti, caminho por sendas ladrilhadas de ouro. Tua divina luz resplandece em minha casa e em meu trabalho. Teu manto me recobre e, por isso, todos me tratam com respeito e reverência.

Teu miraculoso poder aplaca sofrimentos e dirime dificuldades. Na aflição e na carência é a ti que recorro, pois de ti emana a força que desata todos os nós e derruba todas as barreiras. A ti dobro os meus joelhos e curvo a minha cabeça. Sou teu servo e escravo! Faça-se em mim o que for a tua vontade!

Por ti sou capaz de correr riscos, infringir leis humanas e suportar a má fama. Tua atração e teu fascínio me são irresistíveis. Tu me conduzes e agasalhas, e eu te amo acima de todas as pessoas e de todas as coisas.

Se te afastas de mim, desfaleço tomado por um sentimento de orfandade. Quando te distancias de mim, o chão me falta aos pés, a vergonha me recobre, e meu coração é corroído pela inveja daqueles que jamais se encontram excluídos do teu abrigo.

Tu és o meu guia, e de ti decorrem a minha saúde e a minha felicidade. Quando te aproximas, minha alma se rejubila. Quando te afastas, a desolação me abate. Nada sou sem a tua inefável presença. Nela encontro o meu valor e a razão do meu viver.

Seduzistes-me e eu me deixei seduzir. Ainda que muitos te acusem de causar males e provocar divisão onde havia união, jamais levantarei a minha voz contra ti. Tu és o meu Pastor! Nada haverá de me faltar!

É a ti que mais almejo, e por ti se movem a minha vontade e a minha inteligência. Faça chuva ou sol, é a ti que busco. Tu és o espírito que me anima. Em tudo que faço e idealizo, anseio por tua divina companhia.

Não suportaria viver sem as tuas bênçãos e a imensa fartura que deriva de tuas dádivas. Elas transparecem em todos os bens que me revestem e me dignificam aos olhos alheios.

Porém, se te apartas de mim, já ninguém comigo se importará nem me estenderá as mãos. Serei atirado à escória do mundo. Todos evitarão cruzar os meus passos, e aqueles que porventura o fizerem haverão de virar o rosto para o outro lado.

Quando, porém, recobres a minha vida, todos rendem homenagens e professam louvores. Não a mim, mas a tua poderosa manifestação, capaz de abrir portas e corações, e suscitar, naqueles que te adoram, desejos infinitos.

Ao teu poder não há fronteiras nem obstáculos. És capaz de mudar os passos e o caráter dos homens, e converter nações inteiras aos teus desígnios.

Meu Senhor e meu Deus, eis o teu sagrado nome, aclamado e louvado por toda a Terra – Dinheiro.

Versão do Pai-nosso

Pai-nosso que estais no céus, e sois nossa Mãe na Terra, amorosa orgia trinitária, criador da aurora boreal e dos olhos enamorados que enternecem o coração, Senhor avesso ao moralismo desvirtuado e guia da trilha peregrina das formigas do meu jardim.

Santificado seja o vosso nome gravado nos girassóis de imensos olhos de ouro, no enlaço do abraço e no sorriso cúmplice, nas partículas elementares e na candura da avó ao servir sopa.

Venha a nós o vosso Reino para saciar-nos a fome de beleza e semear partilha onde há acúmulo, alegria onde irrompeu a dor, gosto de festa onde campeia desolação.

Seja feita a vossa vontade nas sendas desgovernadas de nossos passos, nos rios profundos de nossas intuições, no voo suave das garças e no beijo voraz dos amantes, na respiração ofegante dos aflitos e na fúria dos ventos subvertidos em furacões.

Assim na terra como no céu, e também no âmago da matéria escura e na garganta abissal dos buracos negros, no grito inaudível da mulher aguilhoada e no próximo encarado como dessemelhante, nos arsenais da hipocrisia e nos cárceres que congelam vidas.

O pão nosso de cada dia nos dai hoje, e também o vinho inebriante da mística alucinada, a coragem de dizer não ao próprio ego e o domínio vagabundo do tempo, o cuidado dos deserdados e o destemor dos profetas.

Perdoai as nossas ofensas e dívidas, a altivez da razão e a acidez da língua, a cobiça desmesurada e a máscara a encobrir-nos a identidade, a indiferença ofensiva e a reverencial bajulação, a cegueira perante o horizonte despido de futuro e a inércia que nos impede fazê-lo melhor.

Assim como nós perdoamos a quem nos tem ofendido e aos nossos devedores, aos que nos esgarçam o orgulho e imprimem inveja em nossa tristeza de não possuir o bem alheio, e a quem, indiferente à nossa suposta importância, fecha-se à inconveniente intromissão.

E não nos deixeis cair em tentação frente ao porte suntuoso dos tigres de nossas cavernas interiores, às serpentes atentas às nossas indecisões, aos abutres predadores da ética.

Mas livrai-nos do mal, do desalento, da desesperança, do ego inflado e da vanglória insensata, da dessolidariedade e da flacidez do caráter, da noite desenluada de sonhos e da obesidade de convicções inconsúteis.

Amemos.

Como orar

A experiência da oração pode ser comparada à experiência afetiva. Embora a influência do platonismo na Igreja, através de Santo Agostinho e Plotino, tenha dificultado tal associação, toda a Bíblia compara a experiência de Deus à vida conjugal. Especialmente o *Cântico dos Cânticos*.

Não se pode, no entanto, comparar práticas de oração. Nessa esfera, não faz sentido afirmar que a oração de uma pessoa é melhor do que a de outra. Comparar experiências de oração ou querer impor aos demais determinado estilo de espiritualidade é grande equívoco. O que podemos – e devemos – é partilhar as reflexões que, nessa matéria, brotam de nossos conhecimentos e vivências.

A relação com Deus é uma relação a dois, na qual ambos têm iniciativas. É preciso estar aberto à solicitação do Outro. Muitas vezes não estamos predispostos a ela. Mas, de repente, um acontecimento abre o nosso coração. Pode ser que Ele nos fale através de um fato triste ou alegre, de perda ou conquista, ou de um simples gesto. É preciso ter olhos para ver. Ele atravessa o nosso caminho quando menos esperamos.

Nesse encontro, o desafio é apreender Deus assim como Ele é. É preciso se abstrair da imagem que fazemos de Deus, pois projetamos nela o que somos e, assim, Deus se confunde com o produto de nossa imaginação, algo criado à nossa imagem e semelhança.

Se queremos ver a face de Deus, devemos olhar o rosto do próximo, ensinou Jesus.

A oração é uma experiência de amor, afetiva, envolvente, física e espiritual. Experiência de sedução, procura, perda, saudade, encontro, discussão e briga, comunhão e êxtase.

Somos feitos de três esferas que se encaixam e formam a nossa unidade. A primeira é a sensitiva. Ao enxergar um avião, o bebê não capta o que representa aquele objeto. Se um elefante levantasse voo, causaria a ele a mesma impressão, pois ele ainda não atingiu a segunda esfera, a da razão. Toda a sua percepção de si, dos outros e do mundo é meramente sensitiva.

Na esfera da razão formam-se os conceitos, as ideias. Vale ressaltar que nós, ocidentais, somos racionalistas. Por influência de Descartes, separamos o real em peças distintas. Conhecemos as coisas na medida em que conseguimos "desconstruí-las". Mesmo o marxismo não escapa disso, ao dividir a sociedade em infra e superestrutura, ou em esferas econômica, política e ideológica. A cultura oriental, ao contrário, não distingue as partes; apreende a totalidade.

A terceira esfera é a espiritual. No Ocidente não somos educados para essa dimensão. Nem mesmo informados sobre ela; e quem não é informado não pode se formar.

Místicos cristãos como Mestre Eckhart, o anônimo inglês do século XIV (autor de *A nuvem do não saber*. São Paulo: Paulinas, 1987), e São João da Cruz, trouxeram para a teologia a experiência mística oriental. A partir do século XVII, o poder eclesiástico católico disciplinou a mística. Já no século anterior, Inácio de Loyola valorizava as imagens da mente em seus *Exercícios espirituais*. Na polêmica entre as escolas franciscana, dominicana, jesuíta e carmelita, aos poucos a contemplação cedeu primazia à meditação, e a experiência de amor à ascética. O quietismo foi condenado. A oração tornou-se clericalizada, domesticada, valorizando-se a obediência ao diretor espiritual.

Ora, a leitura que o clero faz da oração é própria do clero, assim como há uma leitura própria da mulher e outra própria do trabalhador. Mas essas diferenças, referentes ao lugar social e histórico de cada um, não costumam ser levadas em conta.

A oração exige um mínimo de ritos e referências comunitárias. Sentimo-nos mais estimulados a orar ao participar de um retiro, de uma Comunidade Eclesial de Base, ao ler um livro de espiritualidade ou meditar a Palavra de Deus.

A oração é vida, mas a vida não é necessariamente oração. Alguns cuidados devem ser observados se queremos nos "aquecer" espiritualmente: entrar em uma igreja e ficar a sós com Deus, sem falar nada, só um "olhando" para o outro; ler um texto bíblico; orar em família antes das refeições etc. Sobretudo na educação religiosa das crianças o rito é muito importante. Coisas simples como o presépio de Natal, a imagem de Maria no mês de maio, a procissão, são referências que abastecem para toda a vida. São fatores que abrem em nós outra ótica.

É no mínimo ingenuidade pensar que, se não damos educação religiosa aos filhos, ninguém o fará. O sistema, a ideologia dominante, o farão inevitavelmente, só que voltada aos interesses da reprodução do capital. Há programas e filmes de TV que são nitidamente "religiosos", pois assinalam quem são os bons e os maus, como ser submisso e abnegado, por que punir os insatisfeitos e revoltados, ter culpa ou merecer castigo etc.

Em matéria de oração, o conhecimento intelectual é necessário, mas insuficiente. Podemos obter doutorado em teologia mística... mas se não experimentamos, se não fazemos a experiência de Deus, somos como o químico que descreve as propriedades da água sem nunca ter molhado a pele.

Há pessoas tão onipotentes que quase nunca conseguem estar com a mente e o corpo no mesmo lugar, ao mesmo tempo. Estão no trabalho, mas com a mente lá fora, nas preocupações familiares ou destilando gotas de ressentimento no próprio coração. Isso gera desagregação interior e ameaça a saúde espiritual.

Um recurso elementar para avaliar o nível de ansiedade é observar a própria respiração. Quando estamos ansiosos, tendemos a retê-la, como se tivéssemos medo de expirar (= morrer). Assim, vamos nos intoxicando de gás carbônico, dificultando a oxigenação do sangue e do cérebro. Ora, quando respiramos fundo, expirando todo o ar, ficamos mais relaxados, despreocupados, e sentimos mais disposição mental. O ideal é passar o dia todo atento ao fluxo respiratório das narinas. Isso alivia a mente de preocupações negativas e cria melhor condição à vida espiritual.

Outro *ansiedômetro* é o modo como ingerimos os alimentos. Nós, ocidentais, somos analfabetos em nutrição. Ao contrário dos chineses, não conhecemos os produtos que ingerimos, se são bons para o fígado ou para a digestão, se são excitantes ou relaxantes, se curam úlcera ou insônia. Comemos pelo olho e paladar, visual e sabor. Na China, a refeição, mesmo popular, nunca tem menos de sete pratos diferentes. Busca-se o equilíbrio entre os diversos sabores: amargo, doce, apimentado, azedo e salgado. E procura-se sair da mesa sem se sentir empanturrado. O próprio costume de comer com *rach*, os dois pauzinhos, possibilita que a "usina" que processa os alimentos, a saliva, atue com maior eficácia química. Quando estamos ansiosos, comemos depressa, usamos toda a capacidade de o garfo trazer alimentos à boca e, como não mastigamos com calma, salivando, obrigamos o estômago a triturar a comida, o que favorece a obesidade, o surgimento de úlceras e outros problemas.

Ser humano é buscar a espiritualização de todas as dimensões da existência.

Na vida de oração, quem não vai para frente, vai para trás. Não há meio-termo ou "poupança" espiritual. É como o alimento: exige permanente ingestão, para manter o corpo vivo. Isso de que "a vida é oração" é um modo de racionalizar a falta de um mínimo de disciplina para entrar em comunhão com Deus.

O reabastecimento contínuo da vida espiritual não elimina as crises. A aridez é frequente e, em geral, considerada positiva pelos místicos. Pode representar uma mudança de qualidade em nossa vida espiritual, como quem atravessa o rio e, no meio da travessia, não consegue mais nem enxergar o que ficou para trás, nem ver a margem oposta. No entanto, avança...

É sempre bom ter a Bíblia ou um livro de espiritualidade à mão. E escolher uma hora do dia e um lugar onde se possa estar a sós com a presença inefável e trinitária de Deus. O Evangelho registra que Jesus afastava-se para lugares tranquilos (Lc 5,16).

Não se deve "forçar" nada com a mente. E muito menos multiplicar palavras. Mas tanto as palavras quanto a mente devem ser usadas por quem, de outra forma, cederia à distração. Se a reza do terço coloca uma pessoa em comunhão com o Pai, ou a recitação de uma ladainha, ou um cântico a Maria, assim deve ser feito. Mas quem se sente chamado às vias mais profundas da oração deve procurar passar das palavras ao silêncio[1].

Apela-se também à mente quando isso favorece o contato com a divindade. Pode-se imaginar a presença de Jesus no próprio coração; José, Maria e Jesus à nossa volta; Cristo encarnado em nossa pessoa; fazer-se mentalmente presente num episódio evangélico etc.

Mas quem se sente vocacionado ao mergulho na fé, deve "calar" também a mente, afastando toda imagem, toda ideia, toda inquietação, toda preocupação.

A oração é graça de Deus. Portanto, a primeira atitude é abrir-se a esse dom.

Quem nunca correu não pode pretender, em poucos dias, ganhar um campeonato de atletismo. Do mesmo modo, ingressar nos caminhos da mística requer uma firme disposição de dar um passo após o outro, cotidianamente, confiante naquele que nos conduz.

É aconselhável reservar um momento do dia, no qual, durante 20 ou 30 minutos pelo menos, se possa estar entregue ao Amor. Como introdução, um texto bíblico, a meditação do Pai-nosso, uma oração a Maria, os ensinamentos de um místico. Mas tão logo o espírito se sinta "saturado" desses recursos, devem-se fechar os olhos e entregar-se.

Não se incomodar com os ruídos exteriores. O toque do telefone, vozes de crianças, ruídos metálicos, música, o barulho do trânsito – não tentar ignorar o que chega aos ouvidos. Mas também não lhes dar atenção. Aos poucos, consegue-se abstrair deles.

---

1 Cf. meu romance *Aldeia do silêncio* (Rocco).

De olhos fechados, "limpar" a mente, deixando-a vazia, branca. Ainda que certas imagens e preocupações surjam, afastá-las como pequenas nuvens que passam e não turvam a limpidez do céu.

Fixar a atenção no fluxo de ar nas narinas e a intuição espiritual no plexo solar. Não imaginar Deus, Jesus, Maria ou qualquer outra pessoa ou situação. Ainda que "sinta alguma coisa", não lhe dar "forma" mental. E, se nada sentir, tanto melhor.

Deixar que o Espírito nos purifique interiormente.

Abrir-se interiormente para o Senhor fazer aí a sua morada. Deixar-se amar por Ele. Não se perguntar como chegar a Ele. Deixar que Ele venha a nós.

Não querer "sentir" nada. Oramos, não pelo prazer dessa experiência, mas para dilatar nossa capacidade de amar a Deus e ao próximo.

Ao "sentir" algo, não querer reter esse sentimento como quem pesca o peixe que lhe vem à rede e insiste em não soltá-lo. Deus por vezes dá seus toques espirituais. Deve-se recebê-los com a mesma gratuidade de um gesto de carinho.

Não "medir" jamais a vida de oração por sentimentos ou emoções, e sim pela maior capacidade de amar e dar-se aos outros.

Favorecer a disposição orante centrando os sentidos no espírito. Não deixar que o olhar nos roube a integridade, nem que o paladar nos submeta, ou o toque de pele nos esvazie por dentro.

"Jejuar" os olhos, os ouvidos, a língua, o apetite, é muito saudável para quem pretende enveredar-se pelos caminhos da mística.

Quem gosta muito de carne ou doce, prive-se um pouco desses alimentos. Ao inverter as expectativas dos sentidos, o espírito dilata-se.

Poupar-se da maledicência. Ela, como o rancor e o ódio, faz um mal maior a quem a pratica do que a quem se busca prejudicar.

Lutar contra todos esses "demônios" que dificultam a via espiritual: a vaidade, o querer estar bem com todos, a prepotência, o dar-se demasiada importância etc. Ousar abraçar a modéstia, a humildade, a atitude de serviço.

Aprender a não alimentar a expectativa de sempre levar vantagem.

Alegrar-se quando for o último.

Buscar agradar somente a Deus.

Procurar, nessa via, trocar impressões com quem também a abraçou. Mas nunca atirar "pérola aos porcos", como adverte o Evangelho. Não comentar isso com quem não tem condições de entendê-lo.

Guardar essas coisas no coração, como Maria.

Fazer da Eucaristia o eixo de nossa comunhão com a Trindade. E ela fará de nós hóstias vivas.

Na vida, ir pelo caminho inverso àquele que a maioria persegue. Reverter a escala de valores. Assim, a felicidade estará ao alcance.

Na escala de coisas importantes, manter a oração e o serviço libertador aos pobres em primeiro lugar.

Fazer, hoje, o que faria Jesus se vivesse em nossa pele, em nosso lugar e em nosso meio.

E deixar que Ele faça o resto. Tenha isto presente: orar é amar. E amar é orar, pois quem ama agrada a Deus e vive em Deus ainda que não tenha fé (1Jo 4,7).

Manual de meditação

1) Meditar de manhã, antes do café, e à noite, após preparar-se para dormir.

2) Marcar tempo no despertador. De manhã, 1/2 hora; de noite, até vir a sonolência.

3) Preparativos: meditar em qualquer posição, exceto deitado; respirar fundo; relaxar; fechar os olhos ou mantê-los semi-abertos; fixar a atenção no fluxo da respiração nas narinas; fechar o circuito do corpo juntando as pontas dos dedos.

4) "Limpar a mente": procurar não pensar em nada; deixar que os pensamentos e as ideias passem como nuvens em um céu limpo.

5) Caso seja difícil não pensar em nada, adotar um mantra, ou seja, "ruminar" na mente e no plexo solar (o centro do peito) uma única frase, tipo: Meu Senhor e meu Deus; Sou humilde de coração; Reina em mim a alegria de Deus; Amor ao próximo e compaixão; O Espírito faz morada em mim etc. (Pode-se inventar à vontade.)

6) Sentir Deus no mais íntimo de si mesmo, sem pensar na imagem dele. Pressentir o toque divino.

7) Não lutar contra os ruídos exteriores. Deixar que passem pelos ouvidos como sinais da criação de Deus: o pássaro, o motor do carro criado pelo ser humano, o ruído da construção vizinha – acolher tudo como dom divino.

Complementos à meditação

1) Para exercitar o desapego e a amorosidade: pensar em sete apegos e/ou hábitos negativos. Ex.: comer doce; comer carne; falar mal dos outros; irritar-se por esperar; não cumprimentar empregados e serviçais etc.

Escrever um por um em 7 papéis. Dobrá-los e jogar em um recipiente. A cada dia, pela manhã, retirar um e cumpri-lo rigorosamente ao longo do dia ou seja, agir de modo contrário ao hábito negativo.

2) Elogiar diretamente ao menos três pessoas por dia, ou seja, agr de modo contrário ao hábito negativo.

3) Habituar-se a fazer leituras espirituais, como os evangelhos, os *Peregrinos russos* (editado pelas Paulinas), as obras de Santa Teresa de Ávila e São João da Cruz, o *Diário de João XXIII*, *A nuvem do não saber* [ou *do desconhecido*] (anônimo inglês do século XIV) etc.

Trazer o livro consigo e abri-lo sempre que der, deixando-se impregnar pelo texto.

Meditação, arte de mergulhar

Meditar é fácil, embora aparentemente difícil. É como aprender a nadar ou andar de bicicleta. Para quem não sabe, são tarefas arriscadas, perigosas. Depois que se aprende, faz-se sem pensar.

Para aprender a meditar devo ter um mínimo de disciplina: reservar tempo, assim como largo tudo para fazer uma refeição e também para dormir. A desculpa da falta de tempo é o sinal de que não estou mesmo a fim de entrar em comunhão com Deus. Ninguém aprende a nadar sem dedicar certo tempo ao aprendizado.

A meditação é uma experiência amorosa. Quem ama dedica tempo à pessoa amada. Sem agenda, pressa e telefone ligado. E sem a menor preocupação do que haverá de conversar. Os casais que se amam verdadeiramente sabem ficar em silêncio, curtindo apenas a presença um do outro.

Devo estar bem consciente de que a minha mente egocêntrica não é capaz de entrar no mundo da meditação. Medita-se com o coração, não com a razão; com o inconsciente, não com o consciente; com o não pensar, não com o pensar. Assim, de condutor passo à condição de conduzido.

Devo perder a mania de querer tudo controlar através da mente. Preciso despojar-me dela. Calá-la. Penetrar os seus bastidores. Virá-la pelo avesso. Fechar os olhos da mente, tão gulosa e soberana. Quanto mais conseguir cegá-la, mais verei a luz. A mente é capaz de apreender a física da luz. Mas não a própria luz – esta, só a meditação capta.

Meditar é mergulhar no mar. Não posso possuir ou reter o oceano. Mas posso banhar-me nele, deixar que me envolva, embale e carregue em suas ondas. Se sou capaz desse mergulho, então começo a meditar.

O mar está sempre lá. Eu é que devo dar os passos em sua direção. Ele jamais se afasta de mim e está sempre pronto a me receber. Mas devo livrar-me das roupagens que tanto pesam em meu ser. Quanto menos, mais leveza dentro da água.

Entro no mar. Mal sei nadar. De repente, percebo que já não dá pé. É quando se inicia a meditação. O meu ego sente que já não tem apoio. A força da água que me envolve é maior que a minha capacidade de caminhar dentro dela.

Quanto mais fundo penetro no mar, mais água me envolve. Quanto mais mergulho, maior a profundidade que alcanço. Em torno de mim, do lado direito e do esquerdo, acima da cabeça e abaixo dos pés, tudo é oceano.

Eis a meditação. Porém, se uma ideia furtiva ou uma preocupação me atira na praia, não devo me inquietar. Basta retornar à água. Pois é infinito o oceano da meditação.

A meditação dilata a nossa capacidade de abrir-se ao amor de Deus e amar o próximo. E nos induz a não dar importância ao que não tem importância, livrando-nos de sofrimentos inúteis.

Proveitos da meditação

Meditar é viajar para dentro de si, de seu universo físico e psíquico, de sua alma, de seu inconsciente.

A meditação é uma retração de si mesmo ao encontro de sua verdadeira identidade. É despir-se interiormente frente ao espelho de sua espiritualidade. Seus traumas, medos e ressentimentos irão aflorar com a meditação e, como uma limpeza, depois de algum tempo você poderá atingir um nível extremo de felicidade.

Todos nós temos dificuldades em estar aqui e agora. Devemos acolher o presente como um presente. Meditar é eternizar o presente.

A mente mente. A mente é apaixonada pela razão. Segundo Santo Tomás de Aquino, "a razão é a imperfeição da inteligência". Etimologicamente, o vocábulo inteligência (= *inter legere*) significa, em latim, ler dentro. Existem pessoas analfabetas que são extremamente inteligentes. A inteligência é irmã gêmea da intuição, e intuir é apreender sem pensar. É isso que a meditação oferece a quem a pratica.

A grande inimiga da meditação é a nossa mente. Quando se medita, a mente grita. Ela adora o poder, quer controlar, justificar tudo, por isso a grande luta será para educar/disciplinar a mente.

Nos períodos da meditação, a falta de concentração é cíclica. Para meditar, há que "jejuar" a mente; prestar atenção na respiração; e ter uma ferramenta para afastar as dispersões; pode ser um mantra, uma palavra, uma frase.

Como já assinalei, Aristóteles, que era pagão, dizia que somos a fusão de três esferas intercaladas, como os arcos das Olimpíadas. A 1ª, sensitiva; a 2ª, racional; a 3ª, espiritual. Quanto mais a primeira é exacerbada, as demais são atrofiadas. O objetivo da meditação é que a esfera soberana seja a espiritual. Para isso é preciso disciplinar a segunda esfera, que é a da mente. Entretanto, há de se trabalhar a sensitiva pelo jejum do corpo. A meditação emagrece.

Fernando Pessoa queria que seu epitáfio fosse: "Fui o que não sou". Na meditação, o meditante vai de encontro ao seu próprio eu. Para quem tem fé, o verdadeiro eu é Deus.

Novos deuses da opulência

A dessacralização do mundo expulsou os deuses do Olimpo e livrou-nos do medo do inferno. Os efeitos não são a secularização, a razão sensata, a lógica razoável, como era de se esperar. O resultado mais evidente desse processo é a "morte de Deus", não no sentido filosófico de Nietzsche ou Camus, mas na dimensão empírica do materialismo prático, do paganismo efetivo, do consumismo irrefreável, da competitividade ditando como mandamento "armai-vos uns contra os outros".

Respiramos uma cultura idolátrica, na qual alguns seres humanos, sacralizados pelos símbolos do poder, da riqueza e da fama, ocupam os céus, os altares da veneração coletiva, incensados pela mídia e canonizados pela inveja da turba. Maquiados pela espetacularização da notícia, tornam-se ícones, seres sobrenaturais capazes de encarnar a esperança de milhões. São eles que ocupam páginas e páginas dessas revistas cujas fotos retratam um mundo de facilidade e felicidade, festas requintadas, mansões luxuosas, ilhas paradisíacas, castelos majestosos.

Ali estão as caras de quem galgou os degraus do sucesso e, do lado de cá, o leitor consumido e carcomido pela frustração de não gozar da fortuna de pertencer ao restrito clube da opulência. Busca, pois, compensar-se por uma intimidade psicológica de quem se gaba de conhecer em detalhes a vida dos famosos, o que comem e onde moram, como e com quem dormem, que lugares frequentam e para onde viajam.

Deus é recriado à nossa imagem e semelhança. E o Paraíso existe, mas custa caro obter o bilhete de entrada. Pode-se aplicar hoje aos grandes centros urbanos do Ocidente a descrição de Paris feita por Balzac na primeira metade do século XIX: "É um bazar onde tudo tem seu preço, e os cálculos são feitos em plena luz do dia, sem escrúpulo. A humanidade tem apenas dois tipos: o enganador e o enganado... A morte dos avós é esperada com ansiedade; o homem honesto é bobo; as ideias generosas são meios para se alcançar um fim; a religião surge apenas como uma necessidade de governo; a integridade se tornou pose; o ridículo é um meio para se promover e abrir portas; os jovens já têm cem anos, e insultam a idade avançada" (*Scènes de la vie parisienne.* Paris: Édition de Béguin, p. 110).

Buscamos significados e sentido naquilo que é impessoal, descartável, efêmero. De tal modo estamos imbuídos do caráter fetichista da mercadoria que diante de uma arma há quem prefira entregar a vida para não perder o carro. Como nos deprime a perda de um objeto ao qual nos apegamos! Aquele objeto nos imprimia valor, adornava a nossa personalidade, abrilhantava a nossa mortal insignificância.

O exemplo mais notório dessa cultura do despeito é o onanismo voyeurista que hipnotiza milhões de telespectadores devotados a observar a intimidade de quem se tranca numa casa promíscua. Depois os pais se queixam do desinteresse dos filhos pelo estudo, da gravidez precoce da filha, do desrespeito com que os jovens tratam idosos e subalternos.

Como infundir valores se há no centro da casa um aparelho destinado a esgarçar o tecido social? Fôssemos uma sociedade cidadã, faríamos saber aos patrocinadores que decidimos não mais adquirir os seus produtos. Oh, retrucam os arautos do sistema, então você defende a censura? Defendo os valores morais e condeno esse neoliberalismo que transforma um veículo importante, a TV, num bordel virtual. Repudio a religião que prega, como primeiro mandamento, "acumulai lucro acima de todas as coisas".

Mas ainda há esperança, e muita. Toda a Europa parou para homenagear as vítimas dos tsunamis. E mobilizou-se num grande mutirão de solidariedade. Talvez a presença avassaladora da morte nos faça, agora, refletir melhor sobre o significado da vida. E com certeza ela não merece ser vivida para que o seu pouco tempo de duração seja consumido em devorar com os olhos e a mente a suposta felicidade alheia.

O mecanismo lucrativo do entretenimento é simples: incita e excita-nos a almejar a aparente felicidade dos que são alvo da notícia e, para compensar a nossa frustração, já que a desigualdade social nos castra o desejo, oferece publicações e programas televisivos que nos imprimem a ilusão de participar da vida dos que pertencem ao círculo hermético. É como nos contos de fadas. Milhões de gatas borralheiras transformam a TV no espelho à espera de ver refletido o seu rosto de Cinderela.

Avanços na moral católica

Não obteve repercussão na mídia brasileira a Exortação Apostólica *Amoris Laetitia* (Alegria do amor) do papa Francisco, divulgada em 2016. É o resultado dos sínodos da Família, reunidos em Roma em 2014 e 2015. Trata de moral sexual e relações matrimoniais.

A importância do documento reside na mudança de ótica quanto à ética conjugal. Francisco abandona o tradicional moralismo que, através de normas absolutas, pretendia reger o matrimônio de todos os católicos em qualquer época e lugar do mundo, sem levar em conta a primazia da consciência individual e os contextos históricos e culturais.

O método da *Amoris Laetitia* (AL) é indutivo, baseado, não em deveres, mas em virtudes; não na lei, e sim na consciência individual. Já não trata o casamento como instituição matrimonial congelada no tempo e no espaço, e sim como relação de pessoas em evolução, regidas pela "lei da gradualidade", na expressão de João Paulo II, ou seja, a pessoa "conhece, ama e cumpre o bem moral segundo as diversas etapas de crescimento" (AL 295).

A Exortação Apostólica valoriza a atitude pastoral diante da "variedade inumerável de situações concretas" (AL 300). E descarta a tradicional atitude doutrinária que considerava a lei acima da tolerância e o castigo prioritário à misericórdia.

Desde o Concílio de Trento, no século XVI, a lei normativa do matrimônio tem sido o Direito Canônico. Francisco agora desloca as relações conjugais do terreno do direito para a esfera das virtudes. O direito exige submissão à lei. A virtude, o compromisso de viver conscientemente a vida cristã. Frisa que o matrimônio é um desafio vitalício, que "avança gradualmente com a progressiva integração dos dons de Deus" (AL 122).

Embora o documento fuja de qualquer analogia entre os casamentos hetero e homossexual, o papa sublinha que a pessoa LGBTI "deve ser valorizada na sua dignidade e acolhida com respeito, procurando-se evitar qualquer sinal de discriminação injusta" (AL 250).

Dentro dessa "gradualidade" ou moral de situação é possível que, no futuro, a Igreja Católica aceite matrimônios homossexuais como, hoje, já admite que participem da Eucaristia divorciados e recasados sem anulação canônica. Para Francisco, a Eucaristia "não é um prêmio para os perfeitos, mas um remédio generoso e um alimento para os fracos" (AL, nota de rodapé 351).

O fio condutor desse avanço ético é a autoridade e a inviolabilidade da consciência individual, que se aplicam a qualquer pessoa frente a uma situação que exige decisão moral. Este é um princípio tradicional da doutrina católica, porém ausente dos documentos do magistério eclesiástico nos últimos 40 anos, embora o Concílio Vaticano II tenha ressaltado que "no fundo da própria consciência o ser humano descobre uma lei que não se impôs, mas à qual deve obedecer. A sua dignidade está em obedecê-la e por ela é que será julgado" (*Gaudium et Spes* 16. Cf. *Dignitatis Humanae* 2).

Ao enfatizar a "misericórdia pastoral" (AL 307-312), Francisco recusa "uma nova normativa geral de tipo canônico, aplicável a todos os casos" (AL 300). Deve a Igreja "formar as consciências, não pretender substituí-las" (AL 37).

O papa considera que "a consciência das pessoas deve ser melhor incorporada à práxis da Igreja em algumas situações que não realizam objetivamente a nossa concepção do matrimônio" (AL 303).

Em *Amoris Laetitia* Francisco não abre a porta, mas nos entrega a chave. Não profere julgamento, mas incentiva a virtude: "Hoje, mais importante do que uma pastoral dos fracassos, é o esforço pastoral para consolidar os matrimônios e, assim, evitar rupturas" (AL 307).

O foco na valorização da consciência individual é repetido 20 vezes no documento, ecoando o Concílio Vaticano II, que acentua que ela é "o centro mais secreto e o santuário do ser humano, no qual se encontra a sós com Deus, cuja voz se faz ouvir na intimidade do seu ser" (*Gaudium et Spes* 16).

O Vaticano II se encerrou em 1965. Meio século depois, Francisco, o papa da misericórdia, ousa tirá-lo do papel e levá-lo à prática pastoral da Igreja Católica.

Deus e a diversidade de gêneros

Diego Neria Lejárraga, 48, é espanhol. Nasceu mulher. Mas desde criança se sentia homem. Aos 40 anos se submeteu a cirurgias para redesignar sua sexualidade. Virou homem. O padre de sua cidade, Plasencia, acusou-o de "filha do diabo".

Diego escreveu ao papa Francisco antes do Natal de 2014. Indagou qual o seu lugar na "casa de Deus". Francisco telefonou duas vezes para ele. Convidou-o a Roma, a 24 de janeiro de 2015. Diego, em companhia de sua noiva, foi recebido na casa Santa

Marta, onde reside o papa. Francisco demonstrou que a Igreja Católica está aberta à diversidade sexual. Ao sair do encontro, Diego disse sentir uma imensa paz.

O papa abraça a ousadia de Jesus, que defendeu a mulher adúltera do ataque dos fariseus; acolheu Madalena, que portava "sete demônios", como discípula e primeira testemunha de sua ressurreição; e elogiou a veracidade da samaritana, que estava no sexto marido, e fez dela a primeira apóstola.

O amor e, com ele, a compaixão e a misericórdia, deve soterrar preconceitos e discriminações.

"Quem sou eu para julgar os *gays*?", expressou Francisco em julho de 2013, ao deixar a Jornada Mundial da Juventude, no Rio. "Se uma pessoa é *gay*, busca Deus e tem boa vontade, quem sou eu para julgá-la?"

O papa está à frente da Igreja Católica no duplo sentido – como seu chefe e por sua atitude profeticamente evangélica. Em outubro de 2014, durante o sínodo dos bispos sobre a Família, em Roma, cardeais rejeitaram a proposta de maior aceitação na Igreja de casais homossexuais. Francisco, que prefere a democracia a se impor como soberano absoluto (aliás, ele é o único do Ocidente), não contrariou os cardeais. Preferiu levantar uma pergunta que encurralou os prelados homofóbicos: casais homossexuais têm filhos. "Vamos deixar essas crianças fora da catequese?"

Na Parada *Gay* de São Paulo, a 7 de junho, a atriz transexual Viviany Beledoni se apresentou seminua pregada à cruz. Muitos cristãos a acusaram de "blasfêmia". Os mesmos que não consideram pecado ou crime a homofobia, e não mexem um dedo para combater a servidão da mulher como corpo-objeto abusado e explorado por homens de todas as épocas.

No Brasil colonial, os pregadores exaltavam Jesus Crucificado para que escravos se submetessem resignadamente à chibata dos senhores. Quando uma transexual utiliza a cruz como símbolo dos sofrimentos de LGBTodos, os fariseus de hoje jogam pedras na Geni... Como se a cultura machista decorresse da vontade de Deus. Isso, sim, é tomar o seu Santo Nome em vão. E querer reduzir a moralidade social à questão sexual, como enfatiza a teóloga Ivone Gebara.

Quando a violência à diversidade de gêneros se reveste de roupagem religiosa, acende o alarme de que se choca o ovo da serpente. O nazismo resultou também da perversa ideologia religiosa que acusa os judeus de "assassinos de Cristo".

Matar é pecado mortal. Matar em nome de Deus é ainda mais grave. E não se mata apenas pela eliminação física. A morte simbólica usa as armas do preconceito e da discriminação para demonizar também os *gays* criados à imagem e semelhança de Deus – que não é homem nem mulher – e por Ele são amados como filhos e filhas diletos.

A questão *gay*

É no mínimo surpreendente constatar as pressões para evitar a lei que criminaliza a homofobia. Sofrem de amnésia os que insistem em segregar, discriminar, satanizar e condenar os casais homoafetivos.

No tempo de Jesus, os segregados eram os pagãos, os doentes, os que exerciam determinadas atividades profissionais, como açougueiros e fiscais de renda. Com todos esses Jesus teve uma atitude inclusiva. Mais tarde, vitimizaram indígenas, negros, hereges e judeus. Hoje, homossexuais, muçulmanos e migrantes pobres (incluídas as "pessoas diferenciadas"...).

Relações entre pessoas do mesmo sexo ainda são ilegais em mais de 80 nações. Em alguns países islâmicos são punidas com castigos físicos ou pena de morte (Arábia Saudita, Irã, Emirados Árabes Unidos, Iêmen, Nigéria etc.).

No 60º aniversário da *Declaração Universal dos Direitos Humanos*, em 2008, 27 países membros da União Europeia assinaram resolução à ONU pela "despenalização universal da homossexualidade".

A Igreja Católica deu um pequeno passo adiante ao incluir no seu *Catecismo* a exigência de se evitar qualquer discriminação a homossexuais. No entanto, silenciam as autoridades eclesiásticas quando se trata de se pronunciar contra a homofobia. E, no entanto, se escutou sua discordância à decisão do STF ao aprovar o direito de união civil dos homoafetivos.

Ninguém escolhe ser homo ou heterossexual. A pessoa nasce assim. E, à luz do Evangelho, a Igreja não tem o direito de encarar ninguém como homo ou hétero, e sim como filho de Deus, chamado à comunhão com Ele e com o próximo, destinatário da graça divina.

São alarmantes os índices de agressões e assassinatos de homossexuais no Brasil. A urgência de uma lei contra a homofobia não se justifica apenas pela violência física sofrida por travestis, transexuais, lésbicas etc. Mais grave é a violência simbólica, que instaura procedimento social e fomenta a cultura da satanização.

A Igreja Católica já não condena homossexuais, mas impede que eles manifestem o seu amor por pessoas do mesmo sexo. Ora, todo amor não decorre de Deus? Não diz a Carta de João (1,7) que "quem ama conhece a Deus" (observe que João não diz que quem conhece a Deus ama...).

Por que fingir ignorar que o amor exige união e querer que essa união permaneça à margem da lei? No matrimônio são os noivos os verdadeiros ministros. E não o padre, como muitos imaginam. Pode a teologia negar a essencial sacramentalidade da união de duas pessoas que se amam, ainda que do mesmo sexo?

Ora, direis ouvir a Bíblia! Sim, no contexto patriarcal em que foi escrita seria estranho aprovar a homossexualidade. Mas muitas passagens o subentendem, como o amor entre Davi por Jônatas (1Sm 18), o centurião romano interessado na cura de seu servo (Lc 7) e os "eunucos de nascença" (Mt 19). E a tomar a Bíblia literalmente, teríamos que passar ao fio da espada todos que professam crenças diferentes da nossa e odiar pai e mãe para verdadeiramente seguir a Jesus...

Há que passar da hermenêutica singularizadora para a hermenêutica pluralizadora. Ontem, a Igreja Católica acusava os judeus de assassinos de Jesus; condenava ao limbo crianças mortas sem batismo; considerava legítima a escravidão e censurava o empréstimo a juros. Por que excluir casais homoafetivos de direitos civis e religiosos?

Pecado é aceitar os mecanismos de exclusão e selecionar seres humanos por fatores biológicos, raciais, étnicos ou sexuais. Todos são filhos amados por Deus. Todos têm como vocação essencial amar e ser amados. A lei é feita para a pessoa, insiste Jesus, e não a pessoa para a lei.

A Igreja do não e a Igreja do sim

O teólogo Antônio Moser costumava repetir que há a Igreja do não e outra do sim. Fui catequizado na Igreja do não. Pecado tinha nome: sexo. Era pecado se masturbar, apreciar o corpo de uma mulher, ter "maus pensamentos".

"Deus me vê", estampava a tabuleta de madeira pregada em cada cômodo do colégio marista, inclusive nos banheiros. Um deus juiz, fiscal, inspetor, de cujos olhos panópticos nada escapava.

Sentadão lá no céu, alisando com a mão esquerda a longa barba branca, com a direita Deus anotava cada um de meus pecados no Grande Livro da Contabilidade dos Mortais, cujos inadimplentes eram punidos com as chamas eternas do inferno.

A Igreja do não ostentava os Dez Mandamentos, assim como o rótulo do veneno descreve os riscos letais do conteúdo. Além dos mandamentos divinos, havia os da Igreja. Faltar à missa aos domingos era pecado.

Aos pecados mortais, as profundas do inferno. Aos veniais, séculos afins no purgatório, no qual os mais ardentes verões se alternavam com frigidíssimos invernos. Havia que purgar os pecados cometidos desse lado da vida para, um dia, merecer o direito de ser alçado ao céu.

Nessa vida sísifa de constantes tropeções na tortuosa via das virtudes, minha pobre alma poderia ser salva graças à confissão auricular, verdadeira terapia sacramental. Ajoelhado aos pés do confessor, eu contava tudo, ainda que escrúpulos fossem confundidos com pecados.

Em nome de Deus, o confessor indagava: "Quantas vezes?" A culpa do penitente em diálogo com a luxúria auricular do confessor. Recebia-se a absolvição, rezavam-se meia dúzia de orações em penitência e saía-se em paz.

Mas em débito. Para zerar, só as nove primeiras sextas-feiras do mês ou se fazer presente em Roma no Ano Santo, quando o papa concedia indulgência plenária. Daqui da Terra o papa tinha o poder de passar uma borracha no livrão da contabilidade divina.

Felizmente a Ação Católica, a Teologia da Libertação, o Concílio Vaticano II e os papas João XXIII e, agora, Francisco, me abriram as portas da Igreja do sim.

A Igreja da tolerância e da misericórdia de Jesus. Das surpresas inovadoras do Espírito Santo. Do Deus Pai e Mãe que, como o pai do filho pródigo, acolhe o filho pecador com ternura e festa.

Igreja que enfatiza como pecado, não a pulsão sexual da adolescência, mas a opressão social, a discriminação racial ou homofóbica, a apropriação avarenta das riquezas.

Igreja que prefere as Bem-aventuranças, que apontam os caminhos da felicidade, aos Dez Mandamentos. Igreja samaritana que deixa sua zona de conforto para se colocar solidária ao lado dos excluídos. Lava os pés dos pobres. Cuida dos enfermos. Ama os inimigos.

Igreja que ultrapassa os catálogos de leis e as doutrinas congeladas para professar e praticar o amor, a alegria, a compaixão. Igreja que ora, medita e se faz fermento na massa. E diz Sim a todos os valores e virtudes humanos, tragam eles ou não o carimbo da fé cristã.

Igreja que encarna Jesus ao dar pão a quem tem fome e liberdade a quem se encontra aprisionado.

Comungar

Eucaristia significa "ação de graças". É o sacramento central da vida cristã. Entre os fiéis, não se costuma dizer: "Fiz a Primeira Eucaristia". O habitual é: "Fiz a Primeira Comunhão". Quem vai à missa diz: "Vou comungar". Quase nunca fala: "Vou receber a Eucaristia".

Comunhão – eis uma palavra abençoada. Expressa bem o que a Eucaristia significa. Comunhão vem da mesma raiz que a palavra comunicar. Comungar as mesmas ideias de uma pessoa significa sentir profunda afinidade. Ela diz o que penso e exprime o que sinto. Na Eucaristia comungamos: (1) com Jesus; (2) com os nossos semelhantes; (3) com a natureza; e (4) com a criação divina.

Jesus instituiu a Eucaristia em vários momentos de sua vida. O mais significativo deles foi a Última Ceia, quando tomou o pão, repartiu entre seus discípulos e disse: "Tomai e comei, pois isto é o meu Corpo". A partir daquele momento, todas as vezes que uma comunidade cristã reparte entre si o pão e o vinho, abençoados pelo sacerdote, é o corpo e o sangue de Jesus que está compartindo. A palavra "companheiro" significa "compartir o pão". Na Eucaristia, compartimos mais do que o pão; é a própria vida de Jesus que nos é ofertada em alimento para a vida terna, deste lado, e eterna, do outro.

Ao receber a hóstia consagrada – pão sem fermento – os cristãos comungam a presença viva de Jesus eucarístico. Nossa vida recebe a vida dele que nos revigora e fortalece. Tornamo-nos um com Ele ("[...] que todos sejam um" (Jo 17,21).

Ao instituir a Eucaristia na Última Ceia, Jesus concluiu: "Fazei isto em minha memória". Fazer o quê? A missa? A consagração? Sim, mas não apenas isso. Fazer memória é sinônimo de comemorar, rememorar juntos. Ao comemorar os 500 anos da invasão portuguesa, o Brasil deveria ter feito memória do que, de fato, ocorreu: genocídio indígena, tráfico de escravos, exclusão dos sem-terra etc.

Fazer algo em memória de Jesus não é, portanto, apenas recordar o que Ele fez há dois mil anos. É reviver em nossas vidas o que Ele viveu, assumindo os valores evangélicos, dispostos a dar o nosso sangue e a nossa carne para que outros tenham vida. Quem não se dispõe a dar a vida por aqueles que estão privados de acesso a ela, não deveria se sentir no direito de aproximar-se da mesa eucarística. Só há comunhão com Jesus se houver compromisso de justiça com os mais pobres, "pois quem não ama seu irmão, a quem vê, não poderá amar a Deus, a quem não vê" (1Jo 4,20).

A vida é o dom maior de Deus. "Vim para que todos tenham vida e vida em plenitude" (Jo 10,10). Não foi em vão que Jesus quis perpetuar-se entre nós naquilo que há de mais essencial à manutenção da vida humana: a comida e a bebida, o pão e o vinho. O pão é o mais elementar e universal de todos os alimentos. O vinho era bebida de festa e liturgia no tempo de Jesus. De certo modo, o pão simboliza a vida cotidiana e, o vinho, aqueles momentos de profunda felicidade que nos faz sentir que vale a pena estar vivos.

No entanto, há milhões de pessoas que, ainda hoje, não têm acesso à comida e à bebida. O maior escândalo deste início de século e de milênio é a existência de pelo menos 1 bilhão de famintos entre mais de 7 bilhões de habitantes da Terra. Só no Brasil, 30 milhões estão excluídos dos bens essenciais à vida. E inúmeras pessoas trabalham de sol a sol para assegurar o pão de cada dia. Em toda a América Latina morrem de fome, a cada ano, cerca de 1 milhão de crianças com menos de 5 anos de idade.

A fome mata mais que a Aids. No entanto, a Aids mobiliza campanhas milionárias e pesquisas científicas caríssimas. Por que não há o mesmo empenho no combate à fome? Por uma simples razão: a Aids não faz distinção de classe social, contamina pobres e ricos. A fome, porém, só afeta os pobres.

Não se pode comungar com Jesus sem comungar com os que foram criados à imagem e semelhança de Deus. Fazer memória de Jesus é fazer o pão (símbolo de todos os bens que trazem vida) ser repartido entre todos. Hoje, o pão é injustamente distribuído entre a população mundial. Basta dizer que 80% dos bens industrializados produzidos no mundo são absorvidos por apenas 20% de sua população. Ou seja, se toda a riqueza da Terra fosse um bolo dividido em 100 fatias, 1 bilhão e 600 milhões de pessoas ficariam com 80 fatias. E as 20 fatias restantes teriam de ser repartidas para matar a fome de 4 bilhões e 900 milhões. Basta dizer que apenas quatro homens, todos dos Estados Unidos, possuem uma fortuna pessoal superior à riqueza somada de 42 nações subdesenvolvidas, que abrigam cerca de 600 milhões de pessoas!

Jesus deixou claro que, comungar com Ele é comungar com o próximo, sobretudo com os mais pobres. No Pai-nosso ensinou-nos uma oração com dois refrões, "Pai nosso" e "pão nosso".

Não posso chamar Deus de "Pai" e de "nosso" se quero que o pão (os bens da vida) seja só meu. Portanto, quem acumula riquezas, arrancando o pão da boca do pobre, não deveria sentir-se no direito de se aproximar da Eucaristia.

Em Mt 25,31-44, Jesus enfatiza que a salvação se sujeita ao serviço libertador aos excluídos, com os quais Ele se identifica. E na partilha dos pães e peixes, episódio conhecido como "multiplicação dos pães", Jesus ressalta a socialização dos bens da vida como sinal da presença libertadora de Deus.

Santos canônicos e anônimos

O papa Francisco proclamou como santos, dignos de lugar nos altares, os papas João XXIII e João Paulo II.

Quem conhece os bastidores da Igreja Católica sabe que se trata de uma no cravo e outra na ferradura. João XXIII, à revelia da Cúria Romana, convocou o Concílio Vaticano II (1962-1965). Pôs o pé no acelerador da renovação. João Paulo II enfiou o pé no freio. Tinham concepções diferentes quanto ao papel da Igreja. As atas do Concílio comprovam que o então bispo Wojtyla, futuro João Paulo II, votou com os conservadores, derrotados pelas decisões conciliares.

Foi na Idade Média, a partir do século XI, que se iniciou o costume de canonizar cristãos falecidos sob a aura de santidade. Criou-se toda uma burocracia vaticana em função disso. Até *lobbies* em Roma. Basta pesquisar o processo que canonizou Escrivá, o polêmico fundador da *Opus Dei*.

Processos de canonização são dispendiosos. Obedecem a uma série de critérios, como a comprovação de que o candidato operou, lá da glória celestial, ao menos um milagre aqui na Terra. Em geral curas que escapam à explicação da ciência.

Nos últimos tempos essa exigência tem sido relegada. Não consta que João XXIII tenha feito, até agora, algum milagre. Se o fez, foi quando vivo: o Vaticano II. João Paulo II teria curado uma religiosa que, na verdade, nutria devoção por outro santo, segundo confessou uma colega dela... E o padre Anchieta, canonizado há pouco, também foi dispensado do milagre comprobatório.

Os santos foram, de fato, pessoas acima de todo mal? Ora, como diz o papa Francisco, somos todos pecadores, e precisamos de muita oração. Como canta Chico Buarque,

Procurando bem
Todo mundo tem pereba
Marca de bexiga ou vacina
E tem piriri, tem lombriga, tem ameba
Só a bailarina que não tem (Ciranda da bailarina).

Entretanto, há fiéis, como Francisco de Assis e tantos anônimos, que se destacaram por uma existência coerente com o que Jesus pregou e testemunhou.

A canonização de Anchieta foi oportuna? Há quem duvide, pois ele favoreceu o colonialismo lusitano no Brasil, ao contrário de meu confrade, Bartolomeu de las Casas que, na América hispânica, se opôs à empresa colonialista espanhola. Em carta ao governador-geral Mem de Sá, Anchieta definiu os indígenas como "lobos vorazes, furiosos cães e cruéis leões que nutriam o ávido ventre com carnes humanas".

Com exceção de Judas, todos os apóstolos de Jesus são considerados santos. Nem por isso os evangelhos encobrem seus defeitos: Pedro negou Jesus três vezes; Tomé duvidou; Tiago e João não se opuseram que a mãe, Salomé, pressionasse Jesus para privilegiá-los no Reino...

É a devoção popular que faz os santos, ainda que Roma não os reconheça. É o caso, no Brasil, do Padre Cícero; do índio Sepé Tiaraju, que dá nome ao município gaúcho de São Sepé; Nhá Chica (já beatificada); e a menina Odetinha.

Na Igreja primitiva só os mártires, que derramaram seu sangue em nome da fé cristã, eram tidos como santos, como é o caso, no Brasil, de frei Tito de Alencar Lima, morto em 1974 em decorrência das torturas sofridas sob a ditadura militar. Sua tumba é das mais visitadas no cemitério de Fortaleza.

O papa Paulo VI chegou a cassar um dos santos mais populares da Igreja: Jorge. A reação da coroa britânica e da Geórgia o obrigou a voltar atrás.

"Até o papa tem pecados", disse Francisco, na audiência de 29/05/2013. Santo não é, portanto, quem é perfeito, e sim aquele que, em meio às contradições, erros e defeitos, faz de sua capacidade de amar um serviço libertador a quem sofre ou vive excluído e oprimido. Isso vale também para quem tem uma fé distinta da professada pelos cristãos ou é ateu, conforme diz Jesus no *Evangelho de Mateus* (25,36-41).

Há muito mais santos anônimos neste mundão de Deus do que supõe a nossa vã teologia.

O santo dos incrédulos

21 de dezembro é o dia dos incrédulos, festa de São Tomé, apóstolo que esperou ver para crer. Antecipou-se à dúvida cartesiana. Não acreditava em palavras, e sim em comprovação empírica.

Ao ouvir Jesus afirmar, na Última Ceia, "para onde eu vou vocês conhecem o caminho", Tomé objetou: "Senhor, se não sabemos para onde vai, como podemos conhecer o caminho?"

Jesus respondeu: "Eu sou o caminho, a verdade e a vida" (Jo 14,4-5). Afirmação que, séculos mais tarde, faria Dostoiévski professar: "Ainda que me provassem que Jesus não estava com a verdade, eu ficaria com Jesus".

Após a ressurreição, Jesus apareceu aos discípulos. Tomé não estava entre eles. Duvidou ao lhe dizerem: "Vimos o Senhor". Só acreditaria se também visse e tocasse as marcas deixadas pela crucificação no corpo de Jesus. Oito dias depois, Jesus reapareceu e atendeu-lhe a expectativa (Jo 20,19-28).

Os mais eminentes santos tiveram momentos de incredulidade. Até Jesus: "Meu Deus, meu Deus, por que me abandonaste?" (Mc 15,34). Quem de nós nunca se sentiu abandonado por Deus?

A fé é um dom a ser cultivado. Jesus teve crise de fé porque acreditava como nós cremos. É herética a ideia de que Jesus tinha uma fé inabalável. Em tudo era igual a nós – nas etapas de crescimento, na sexualidade, na capacidade cultural – exceto no pecado, porque amava assim como só Deus ama. Na feliz expressão de Leonardo Boff, "humano assim como Ele foi, só podia ser Deus mesmo".

Jesus cultivava sua fé ao passar longas horas em oração, informa o Evangelho de Lucas. Quanto mais oramos, mais aprofundamos a fé. Ocorre que a oração é uma experiência relacional, amorosa. Exige gratuidade. Nesse mundo atribulado do *time is money*" é difícil encontrar tempo para a oração.

Falamos de Deus e com Deus; pouco deixamos Deus falar em nós. Temos fé em Jesus, não *a fé de Jesus*, centrada na utopia do Reino de Deus, aqui neste mundo, livre de injustiças, desigualdades e exclusões.

Todos somos movidos por algum tipo de fé, acreditar no que não se vê. Seja na tecnologia do avião que nos conduz, na Bolsa de Valores, na pessoa que amamos e que se encontra distante. Daí os vocábulos confiança (com fé) e fidelidade (fiel à fé).

Porém, na sociedade do hedonismo, perdemos a capacidade de acolher o Mistério. Difícil lidar com sofrimentos, fracassos e limitações. Para muitos, são a prova da inexistência de Deus.

Não sabemos lidar também com o silêncio de Deus em nossas vidas. Estamos longe da experiência de Abraão, que "esperou contra toda esperança", segundo Paulo (Rm 4,18), e de Jó que, apesar das adversidades, não perdeu a confiança em Deus.

Talvez o silêncio de Deus resulte de nosso equívoco em buscá-lo onde Ele não se encontra. Como ocorreu ao profeta Elias, que esperava encontrá-lo no furacão, no terremoto ou no fogo. E Deus se manifestou na brisa suave (1Rs 19,9-12): no gesto de amor, na solidariedade, no mais profundo de si mesmo.

Se queremos "tocar" Deus, eis os recursos: a oração, que nos conecta a Ele; a meditação, pela qual sabemos onde Ele habita: no mais intimo de nós mesmos; e o amor, a experiência de vivenciá-lo no próximo, dando a vida "para que todos tenham vida" (Jo 10,10).

Apóstolas, pioneiras do feminismo

O Evangelho de João (20,11-18) descreve que, morto Jesus, Maria Madalena, chorosa, permaneceu junto ao túmulo, cuja pedra-porta havia sido retirada. Ao fitar o interior, não avistou o corpo de Jesus. Viu dois anjos. Perguntaram por que chorava. Ela respondeu: "Porque levaram o meu Senhor e não sei onde o colocaram".

Ao se virar, Madalena se deparou com um homem que também lhe perguntou por que chorava e o que procurava. Supôs tratar-se do jardineiro do cemitério: "Se foi o senhor que levou Jesus, diga-me onde o colocou e irei buscá-lo". O estranho chamou-a pelo nome: "Maria". Ela reconheceu Jesus pelo tom de voz e exclamou: "Rabuni!" (em hebraico, Mestre).

Madalena não se conteve e o abraçou. "Não me segure", disse Jesus, "porque ainda não voltei para o Pai. Mas diga a meus irmãos que subo para junto de meu Pai, que é o Deus de vocês". Ela foi ao encontro dos discípulos e anunciou: "Eu vi o Senhor!"

Madalena foi a primeira testemunha da ressurreição. E a primeira a anunciar Jesus ressuscitado. Só o machismo imperante na Igreja desde os primeiros séculos explica por que não é considerada apóstola. Desde que Jesus a livrou de "sete demônios" não deixou de segui-lo, em companhia de Joana, Susana "e várias outras mulheres" (Lc 8,3).

Madalena não foi, entretanto, a primeira a saber que Jesus era o esperado Messias. João (4,1-30) se refere a outra mulher, que vivia na Samaria e tinha o estranho hábito de ir ao poço buscar água por volta do meio-dia.

Ora, em qualquer região onde não há água encanada é ao amanhecer que se costuma buscar água. A atitude da samaritana se explica pelo óbvio: não queria se encontrar com outras mulheres. Sabia que tinha má fama e preferia ir ao poço quando não estivesse ninguém.

Certo dia se deparou ali com um jovem. Ao vê-la descer o balde no poço, Ele pediu-lhe: "Dá-me de beber". Pelo sotaque, reconheceu-o como judeu. E reinava forte rixa histórica entre judeus e samaritanos. "Como você, judeu, pede de beber a mim, samaritana?" Jesus, que ali parara para descansar enquanto os discípulos haviam ido comprar provisões, reagiu: "Se soubesse quem lhe pede de beber, você é que lhe pediria, e Ele lhe daria água viva".

A afirmação a intrigou: "Você não tem balde. De onde tirará água viva?" Jesus insistiu: "Quem bebe desta água terá sede de novo. Mas quem beber da água que darei nunca mais terá sede". A fim de se livrar do trabalho de ir ao poço, ela o desafiou: "Dá-me dessa água para que eu não tenha mais sede nem precise vir aqui".

Jesus mudou o foco do papo: "Vá chamar seu marido". "Não tenho marido", disse ela. Sua fama já havia chegado até à Galileia. "Você está certa ao dizer que não tem marido", retrucou Jesus. "Já teve cinco e, agora, vive com um homem que não é seu marido. Você falou a verdade."

Curioso Jesus não ter proferido um sermão moralista: "Sua promíscua! Como ousa querer minha água viva se não é capaz de botar freio nessa rotatividade conjugal?" E pensar que, hoje, há cardeais, bispos e padres que, contrariando o papa Francisco, insistem em negar os sacramentos a homens e mulheres recasados!

Além de não emitir nenhuma censura, Jesus a elogiou por dizer a verdade. E ao elucidar a dúvida dela sobre que lugar Deus deveria ser adorado, se em Jerusalém ou na Samaria, Ele enfatizou que "os verdadeiros adoradores que o Pai deseja devem adorar em espírito e verdade". E, pela primeira vez, quebrou o anonimato sobre a sua natureza divina e se revelou a ela como o esperado Messias.

Pobres puritanos escrupulosos! Não suportam o fato de Jesus ter se revelado, pela primeira vez, não a Pedro ou a outro apóstolo, mas a uma mulher de vida irregular! Por quê? Porque percebeu o quanto ela tinha sede de amor (a água viva). Era uma mulher voraz e veraz. E só Deus seria suficiente para preencher tamanho buraco no coração.

A samaritana largou o balde e correu à cidade para anunciar que encontrara o Messias. Ela foi, de fato, a primeira apóstola.

Estranho é que, até hoje, as mulheres sejam consideradas fiéis de segunda classe na Igreja Católica, impedidas de acesso ao sacerdócio. Se Deus quiser, isso haverá de mudar um dia, como tantas outras pedras do tradicionalismo já removidas.

Francisco e as mulheres

O papa Francisco nomeou uma comissão para analisar se as mulheres devem ter acesso ao diaconato, como já ocorre com homens solteiros ou casados. Diácono ocupa, na hierarquia, um grau abaixo do sacerdócio. Pode presidir matrimônios e batizar, mas não celebrar missa. Havia diaconisas na Igreja primitiva.

Em muitos países, inclusive no Brasil, já há religiosas que, autorizadas pelo bispo local, presidem matrimônios e celebram batismos, embora não sejam diaconisas.

Francisco é muito hábil. Em vez de implodir o prédio com dinamite, prefere demoli-lo tijolo a tijolo. É o que faz ao mexer em temas que, há séculos, estavam congelados pelos tabus que envolvem a doutrina católica tradicional: recasamentos, acesso de divorciados aos sacramentos, homossexualidade, celibato obrigatório, corrupção na Cúria Romana, punição rigorosa a pedófilos etc.

Não há fundamento bíblico para excluir mulheres do sacerdócio, e até do direito de serem bispas e papisas. O grande obstáculo é a cultura patriarcal predominante nos primeiros séculos do cristianismo e ainda em voga na Igreja Católica.

Mateus aponta, na árvore genealógica de Jesus, cinco mulheres: Tamar, Raab, Rute e Maria; e, de modo implícito, a mãe de Salomão, aquela "que foi mulher de Urias". Não é bem uma ascendência da qual um de nós haveria de se orgulhar.

Viúva, Tamar se disfarçou de prostituta para seduzir o sogro e gerar um filho do mesmo sangue de seu falecido marido. Raab era prostituta em Jericó. Rute, bisavó de Davi, era moabita, ou seja, pagã aos olhos dos hebreus. A "que foi mulher de Urias", Betsabeia, foi seduzida por Davi enquanto o marido dela guerreava. E Maria, mãe de Jesus, também não escapou das suspeitas alheias, pois apareceu grávida antes mesmo de se casar com José. Como se vê, o Filho de Deus entrou na história humana pela porta dos fundos.

Jesus se fez acompanhar pelos Doze e por algumas mulheres: Maria Madalena; Joana, mulher de Cuza, procurador de Herodes; Susana "e várias outras", diz Lucas (8,1). Portanto, o grupo de discípulos de Jesus não era propriamente machista. E Jesus frequentava, em Betânia, a casa de suas amigas Marta e Maria, irmãs de Lázaro.

O primeiro apóstolo foi uma mulher: a samaritana que dialogou com Jesus à beira do poço de Jacó e, em seguida, saiu a anunciar que encontrara o Messias. A primeira testemunha da ressurreição foi Madalena. E ao curar a sogra de Pedro, Jesus demonstrou não associar sacerdócio e celibato. Pedro era casado e nem por isso deixou de ser escolhido como o primeiro papa.

A misoginia é, na Igreja Católica, uma síndrome injustificável, sobretudo se considerarmos que em comunidades rurais e de periferias urbanas são as mulheres que predominantemente conduzem a atividade pastoral. Hoje, felizmente, várias mulheres casadas detêm, inclusive no Brasil, o título de doutoras em Teologia.

A teologia de meu confrade Tomás de Aquino data do século XIII e ainda serve de alicerce à doutrina oficial católica. Hoje, ela requer atualizações, como no quesito mulher, considerada um ser ontologicamente inferior ao homem. Razão pela qual o escravo liberto pode ser sacerdote, a mulher não.

Não há um só caso nos evangelhos em que Jesus tenha repudiado uma mulher, como fez com Herodes Antipas, ou proferido maldições sobre elas, como fez com os escribas e fariseus. Com elas, mostrava-se misericordioso, acolhedor, afetuoso, e exaltava-lhes a fé e o amor.

É chegada a hora de a Igreja assumir o seu lado feminino e abrir todos os seus ministérios às mulheres. Afinal, metade da humanidade é mulher. E, a outra metade, filha de mulher.

O que é ter fé

Todos conhecemos pessoas que frequentam a igreja e, no entanto, se comportam de modo contrário aos valores evangélicos: tratam subalternos com desrespeito; sonegam direitos de empregados; discriminam por razões raciais ou sexuais.

Pessoas que enchem a boca de Deus e trazem o coração entupido de ira, inveja, soberba; são indiferentes aos direitos dos pobres; omitem-se em situações graves que lhes exigem solidariedade.

E temos à nossa volta, no círculo de amizades, pessoas ateias ou agnósticas que, em suas atitudes, transparecem tudo o que o Evangelho acentua como valores: amor ao próximo, justiça aos excluídos, solidariedade aos necessitados, partilha de bens etc.

O *Catecismo da Igreja Católica*, aprovado por João Paulo II, em 1992, e elaborado sob a supervisão do teólogo Ratzinger mais tarde papa Bento XVI, define a fé como "adesão pessoal do homem a Deus". E acrescenta: é "o assentimento livre de toda a verdade que Deus revelou". E a portadora dessa verdade é a Igreja.

Assim, só teria verdadeira fé cristã quem submete seu entendimento ao que ensina a autoridade eclesiástica (papa, bispos e pastores).

Devido a essa maneira de entender a fé, *o que se crê* se tornou mais importante do que *como se vive*. Criou-se uma ruptura entre fé e vida.

Para Jesus, quem tinha fé? As respostas são desconcertantes. Em Mt 8,10, Jesus declara que o homem com mais fé que até então havia encontrado era um oficial romano, um centurião.

Ora, como Jesus pôde elogiar a fé de um oficial pagão? O episódio demonstra que, para Jesus, a fé não consiste, em primeiro lugar, *naquilo que se crê*, e sim *no modo de proceder*. Aquele pagão era um homem sensível, solidário, preocupado com o sofrimento de um servo.

A mesma atitude de Jesus se repete no caso da mulher cananeia, que também era pagã. A mulher pede a Jesus que lhe cure a filha. Diante dela, Jesus reconhece: "Mulher, grande é a sua fé!" (Mt 15,28). Grande, não por causa da crença da mulher, e sim por seu procedimento amoroso.

O mesmo ocorre no caso do samaritano hanseniano, curado em companhia de nove judeus (Lc 17,11-19). Os judeus, segundo suas crenças religiosas, se apresentaram aos sacerdotes, como recomendou Jesus. Já o samaritano, que não obedecia às prescrições das autoridades religiosas e não se sentia obrigado a submeter-se a elas, retornou para agradecer a Jesus, que lhe exaltou a fé: "A sua fé o salvou" (Lc 17,19).

Para Jesus, portanto, a fé, antes de se vincular a um catálogo de crenças, a uma doutrina, se relaciona a um modo de viver e agir.

Jesus, por vezes, duvidou da fé de quem estava mais próximo dele (Mc 4,40). Discípulos e apóstolos foram considerados "homens de pouca fé" (Mt 8,26).

Jesus fez a desconcertante afirmação de que prostitutas e cobradores de impostos terão precedência no Reino de Deus, e não os "exemplares" sacerdotes (Mt 21,31).

Isso deixa claro quem Jesus reconhecia como crente. Não propriamente quem aceita o que prega a religião, e sim quem age por amor, solidariedade e justiça, como o bom samaritano (Lc 10,29-37).

Ter fé é, sobretudo, viver de acordo com os valores segundo os quais vivia Jesus.

A Igreja está em crise. Suas autoridades culpam o laicismo, o relativismo, o hedonismo. Ora, será que as autoridades religiosas, e nós, frades, freiras, padres e pastores, não temos culpa nisso, por apresentar a fé cristã como verdades cristalizadas em doutrina, e não expressada em vivência?

Fé & afeto

Há quem faça questão de destacar sua vida de fé: não tira Deus da boca, frequenta cultos, oferta parte de seus bens e de sua renda à sua comunidade religiosa. Convertido e convencido de que sua fé é a única verdadeira, adota a postura fundamentalista – que ele julga altruísta – de querer trazer todas as potenciais ovelhas que o cercam a seu redil, de modo a que haja uma só igreja e um só pastor. Há inclusive quem, obediente aos mestres, faz jejum, abdica de certos alimentos, vara noites em orações.

O que espanta é que, entre esse tipo de pessoa, algumas jamais conseguem impregnar a sua fé de afeto. Malgrado todas as práticas religiosas, deixam-se dominar pela ira, brigam com parentes por banalidades, passam horas ao telefone falando mal do próximo, humilham subalternos, trazem o espírito pesado de cobranças e sede de vingança, como se a memória jamais esquecesse a menor mágoa e o coração nunca perdoasse. E se o poder lhe acena benfazejo, seja como pastor de uma comunidade ou candidato a uma função política, olvida toda humildade e faz-se messias da salvação escatológica.

São pessoas que vivenciam a distância entre a fé e o amor. Alerta o apóstolo Paulo que, sem o amor, a fé é vã, ainda que possa transportar montanhas... Tiago é mais irônico na crítica: "Vocês creem? E daí? Os demônios também, e tremem de medo" (2,19).

Pouco adianta encher a boca de louvores a Deus se o coração está vazio de amor. Lévinas diz que a Bíblia "é a prioridade do outro em relação ao eu". Se não sou capaz de entender a ótica e o lugar social do outro, ainda que não coincida com o meu, é difícil falar em tolerância e criticar os fundamentalistas. Como evitar que a diferença, tão saudável, se transforme em divergência?

Para quem vive essa contradição entre a religiosidade (tão intensa) e a amorosidade (tão escassa) só há dois remédios: aprender a orar com o coração, deixando aquietar-se no silêncio, de modo que o Espírito possa balbuciar sua vontade e converter o coração de pedra em coração de carne, e aproximar-se dos mais pobres, que são presença viva de Jesus e subvertem as amarras do nosso egoísmo.

Profissão de fé

E se em vez de canto gregoriano
Eu disser pelo pubiano,
Aqui está Deus?

Se em vez de sacramento
Eu disser excremento,
Aqui está Deus?

Se em vez de teodiceia
Eu disser diarreia,
Aqui está Deus?

Se em vez de adorar
Eu disser urinar,
Aqui está Deus?

Se em vez de salvação
Eu disser salivação,
Aqui está Deus?

Se em vez de cruz
Eu disser pus,
Aqui está Deus?

Se em vez de Vésperas
Eu disser vísceras,
Aqui está Deus?

Se em vez de batina
Eu disser vagina,
Aqui está Deus?

Se em vez de meditação
Eu disser menstruação,
Aqui está Deus?

Se em vez de prelado
Eu disser pelado,
Aqui está Deus?

Se em vez de procissão
Eu disser revolução,
Aqui está Deus?

Se em vez de sermão
Eu disser tesão,
Aqui está Deus?

Se em vez de Pio
Eu disser cio,
Aqui está Deus?

Se em vez de virtude da fé
Eu disser bicho-de-pé,
Aqui está Deus?

Está.
(Deus só nega
O desamor,
Jamais o que criou)

Apenas o amor interessa

O papa Francisco abriu nova janela na doutrina católica ao ser questionado, na viagem de retorno a Roma após visita ao México (fev./2016), sobre o direito de a mulher tomar contraceptivos, e mesmo abortar, devido ao surto de zika vírus.

Quanto ao aborto, Francisco foi enfático: a Igreja Católica o considera crime e está descartado. Embora ele saiba que não há consenso entre os teólogos quanto ao momento em que realmente se pode afirmar que há vida humana no feto.

Porém, quanto aos anticoncepcionais o papa lembrou da exceção aberta pelo papa Paulo VI quando freiras do Congo foram ameaçadas de estupro em situação de guerra. Adotou-se o princípio do mal menor: evitar a gravidez de uma religiosa antes que a sua vocação fosse prejudicada pelo nascimento indesejado de uma criança.

Francisco é um democrata, embora dotado de poder absoluto. Prefere não usá-lo. Predisposto ao debate, exime-se de condenações moralistas e convoca sínodos para que outras vozes se manifestem sobre questões polêmicas no âmbito católico. Foi o caso da homossexualidade ao afirmar, durante voo de retorno do Rio, após a Jornada Mundial da Juventude, que não se sente no direito de julgar os homossexuais e, muito menos, condená-los.

A Igreja Católica é a mais longeva instituição religiosa do planeta. O judaísmo é uma religião mais antiga, porém sem a institucionalização centralizada que caracteriza a comunidade fundada pelos apóstolos Pedro e Paulo. Por isso, sobre o trono papal se acumulam séculos de evolução doutrinária. Ou involução, como o celibato obrigatório para todos os sacerdotes, o que não ocorria nos primeiros séculos, e o dogma da infalibilidade papal, proclamado no século XIX pelo papa Pio IX, que tinha horror à Modernidade, a ponto de condenar a luz elétrica (antinatural, pois muitos trocariam o dia pela noite...) e a democracia (favorecedora do livre-pensamento...).

Muitas vezes, no debate teológico, o essencial é deixado de lado. E o essencial são os valores do Evangelho: amor, misericórdia, fome de justiça, desprendimento, disposição de servir e partilhar os bens. Inúmeras pessoas vivem intensamente tais valores sem nenhuma motivação religiosa. E sem que tenham consciência, são elas que melhor fazem a vontade de Deus. Serão aqueles que, conforme a parábola do Juízo Final (Mt 25,31-46), serão acolhidos como "benditos do meu Pai".

Um dos grandes avanços introduzidos pelo papa Francisco é o de considerar a natureza fonte de revelação divina, conforme enfatiza em sua encíclica socioambiental *Louvado sejas – O cuidado de nossa casa comum*. Até então eram considerados fontes de revelação divina apenas a Bíblia, a tradição e o ensinamento do magistério eclesiástico. Francisco escancarou as janelas para que possamos encarar a natureza como verdadeiro sacramento (= sinal) da presença amorosa de Deus.

Sempre que me entretenho com comunidades cristãs populares elas me perguntam sobre os três enigmas além desta vida: céu, inferno e purgatório. O limbo, que na catequese aprendi como lugar aonde iam as almas das crianças falecidas sem batismo, foi definitivamente fechado pelo papa João Paulo II. Havia sido criado na Idade Média, como o purgatório, para responder qual o destino dos bebês mortos sem o primeiro sacramento. Hoje se admite que todos nascemos no amor de Deus, e o batismo não é uma borracha para apagar um pecado original cometido por Adão e Eva, é um sacramento do futuro, para nos fortalecer na graça de Deus frente ao tempo de vida que nos espera.

O purgatório foi a solução "mineira" encontrada pelos teólogos medievais para se escapar do maniqueísmo bem *versus* mal. Ou seja, ao transvivenciarmos, vamos para o céu, como santos, ou para o inferno, ainda que a nossa cota de pecado seja infinitamente inferior à de um Herodes infanticida, um Torquemada inquisidor ou um Hitler nazista. Nada como um estágio intermediário, no qual somos purificados – daí o termo purgatório – até merecermos ingressar na morada celestial.

Tudo isso são metáforas na tentativa de dizer o indizível. Ninguém retornou do mundo dos mortos, exceto uma pessoa, segundo a fé cristã – Jesus. Ele ressuscitou e nos assegurou que também haveremos de ressuscitar, ou seja, seremos acolhidos na plenitude do amor de Deus.

O que é isso? Não sei exatamente. Sei que todos nós, sem exceção, somos movidos pelo anseio de amar e ser amados. Mesmo quando ostentamos fama, riqueza, beleza e poder. São formas de mendigar, altissonantemente, um pouco de amor. E o que Jesus nos assegurou é que, do outro lado desta vida, desfrutaremos disso em eterna intensidade. Mais não se sabe. Até mesmo porque as coisas do amor não cabem em palavras.

Comer, amar, orar

Há três coisas inerentes aos seres humanos: nutrição, sexualidade e espiritualidade. São as fontes de nossa existência. Pela nutrição, desenvolvemos e asseguramos a saúde; pela sexualidade, preservamos e multiplicamos a espécie; pela espiritualidade, transcendemos a nós mesmos, relacionando-nos com a natureza, o próximo e Deus.

Sem ingerir alimentos ninguém vive. De nossos cinco sentidos, o paladar é o primeiro a ser ativado. Ainda na fase intrauterina sugamos os nutrientes maternos. Por isso, este é o mais arraigado dos sentidos. Ao mudar de país, modificamos hábitos, adotamos outro idioma etc., mas jamais trocamos de paladar. Como a linguagem, ele é fator primordial de identificação. Na Austrália ou no Alasca, um brasileiro experimenta indizível prazer ao comer arroz com feijão ou manga e abacaxi.

A comensalidade é o mais humano de nossos atos. Nenhum outro animal cuida de preparar os alimentos e, em seguida, sentar em torno da mesa acompanhado de seus semelhantes. Só nós, humanos, fazemos do preparo dos alimentos uma arte – a culinária. E um ritual – estar à mesa, talheres, guardanapo, pratos, travessas...

Não é saudável comer sozinho. Comer é comungar, partilhar. É ação ressurrecional. A carne que nos alimenta é um animal que morreu para nos dar vida, assim como a salada, um vegetal, ou o arroz e feijão, cereais... A vida é sempre reciclável. Em torno da mesa dou ao outro algo de mim mesmo. Ele se "alimenta" do meu ser, assim como eu do dele.

A sexualidade pode ser sublimada, reprimida, mas nunca ignorada. É o reflexo da idade que a vida tem em nosso planeta: cerca de 3,5 bilhões de anos. Ela assegura a cadeia geracional que veio se aperfeiçoando desde as trilobitas até o ser humano. É a mais significativa manifestação de que a vida é um fenômeno intrinsecamente comunitário.

A libido, como ensinou Freud, pode ser canalizada, mas não descartada. Nem Jesus deixou de ter pulsão sexual. A questão é saber em que nível se manifesta a nossa sexualidade, como porno, eros, filia ou ágape. Como porno (donde pornografia) o meu prazer é a sua degradação; como eros (donde erotismo) o meu prazer é também o seu; como filia (donde filia + sofia = amizade à sabedoria, filosofia), o prazer reside na amizade, na cumplicidade; como ágape, nossos prazeres culminam na felicidade, na comunhão espiritual entre dois seres que se amam.

Graças à ciência moderna, a sexualidade não está mais atrelada à procriação, o que permite que exista como sacramento amoroso, de interação física da comunhão espiritual. O inverso é perverso: a sexualidade como mero prazer físico, imediato, sem mediação da subjetividade.

Espiritualidade é a janela de nossa vocação à transcendência. Podemos canalizá-la para o consumismo, o mercado, o poder ou escolher o dinheiro no lugar de Deus (Mt 6,24), mas ela está sempre presente, pois imprime sentido à nossa subjetividade e, portanto, à existência. Precede a experiência religiosa, assim como o amor antecipa e fundamenta a instituição familiar. Convém lembrar: Deus não tem religião.

A vida espiritual nos induz à comunhão com Deus e reativa a nossa potencialidade amorosa. O caminho mais curto não é ser amoroso com o próximo para, em seguida, amar a Deus. Ao contrário, invadidos pelo amor de Deus transbordamos amor na direção do próximo.

A comunhão com Deus tem duas vias. A mais em voga imagina que Deus é alcançável pela escalada de nossas virtudes morais. Quanto mais puros e santos, mais próximos estaremos de Deus. A via evangélica adota a direção contrária. Deus é amor e irremediavelmente apaixonado por cada um de nós. Nenhum pecado leva-o a se afastar de nós e deixar de nos amar. Portanto, basta-nos abrir o coração ao amor divino.

É como a relação de um casal: o homem se sente tão amado e ama tanto a sua mulher que não consegue deixar de ser fiel. Assim é a relação com Deus. Em respeito à nossa liberdade, Ele espera apenas que decidamos nos abrir mais ou menos ao seu amor, que é terno. E o método mais fácil a essa abertura é a oração, em especial a meditação, que nos permite descobrir Deus no âmago de nosso ser, e no serviço aos mais pobres, sacramentos vivos da presença de Cristo.

Modalidades de fé

Os antigos, desprovidos de ciência, buscavam em suas crenças explicações aos fenômenos da natureza. O trovão seria a voz (brava) de Deus, assim como o arco-íris o sinal de que não haverá novo dilúvio.

A fé servia de muleta à ignorância, como provavelmente as gerações futuras haverão de rir de muitas de nossas atuais "certezas" científicas. Ora, com exceção da classe política, tudo evolui, felizmente.

A razão moderna, sob os holofotes do iluminismo, questionou a fé. Ela seria o ópio do povo, clamou Marx. Pura ilusão infantil, enfatizou Freud. Incompatível com a liberdade humana, alardeou Nietzsche.

Eis que surge um fenômeno novo: o ateísmo. A negação da existência de Deus. A fé convicta de que Deus não merece fé. Há que centrar os olhos na terra, e não no céu.

Na minha opinião, o ateísmo resulta da mediocridade dos cristãos. Não há fé que não seja reflexo do testemunho. Como convencer que Deus é um Pai amoroso se há tanta maldade, desigualdade, sofrimento e outras atrocidades? Onde se esconde esse

Deus omisso frente à Inquisição, ao genocídio indígena na colonização da América Latina, a Auschwitz, ao terrorismo islâmico?

Como suscitar fé nos princípios evangélicos se historicamente os cristãos promoveram o colonialismo, atualizaram o imperialismo e confundem democracia com capitalismo?

Daí o bazar de crendices. Para todos os gostos. Desde o Deus misericordioso do papa Francisco, ao racista de Donald Trump até o vingativo do Estado Islâmico.

Nesse emaranhado, como separar o joio do trigo? Qual modalidade de fé cristã merece credibilidade?

Nós, cristãos, temos fé em Jesus. O que não nos impede de fazer tudo aquilo que contradiz o que Ele pregou. Basta estudar a história do Ocidente "cristão". Em nome de Deus se fez o diabo!

Convém lembrar que Jesus viveu em uma sociedade profundamente religiosa. Seus embates não foram com a religião pagã do Império Romano. Foi com aqueles que, como Ele, se identificavam com a tradição judaica representada por Abraão, Moisés, Davi e os profetas.

Todos tinham fé em Deus: fariseus, saduceus, doutores da lei, sacerdotes, levitas e essênios. Contudo não tinham a mesma fé de Jesus.

A fé de Jesus se centrava no valor primordial: a vida. "Vim para que todos tenham vida e vida em abundância" (Jo 10,10).

Jesus não fazia distinção entre fé e amor. Tanto que, ao curar, dizia ao paciente: "A tua fé te salvou" (Lc 7,50). Fé como sinônimo de atuação amorosa e solidária, e não como abstração da mente em projeções oníricas que consolam o coração sem instaurar justiça.

Enquanto os fariseus mediam a prática religiosa pela régua do puro e do impuro, Jesus adotava a do justo ou injusto. Importa crer no Deus da vida. Não há que imaginá-lo por piedosos exercícios de fantasia. Basta olhar para aqueles criados à imagem e semelhança dele: todos os seres humanos. Todos são templos vivos de Deus.

Deus nos criou para viver em um paraíso, e a nossa liberdade, ao optar pelo egoísmo, gerou dor, injustiça e opressão. Ter fé, na ótica de Jesus, é lutar para resgatar o paraíso. Fazer do reino de César o Reino de Deus. Defender e aprimorar os direitos humanos. Agir segundo os valores enfatizados no Evangelho: misericórdia, solidariedade, desambição, partilha de bens e, sobretudo, amor.

Quem assim age, ainda que seja o mais empertigado ateu, é discípulo de Jesus sem o saber, e faz a vontade de Deus sem nisso crer.

Qualidades de fé

A fé é a adesão da inteligência ao mistério, a algo ou alguém que se pode *sentir* sem, no entanto, provar. Não é irracional, é suprarracional.

Em toda relação amorosa a fé é o vínculo que une. Não há equação que convença João de que seu amor por Maria é cientificamente equivocado. Ou vice-versa. Um confia (com fé) no outro.

Marx, Freud e tantos pensadores tentaram nos convencer de que a fé é uma ilusão ou alienação. Projeta-se no céu o que se desejaria desfrutar na terra. Nenhum dos dois conheceu a fé libertadora manifestada, hoje, pelo papa Francisco.

O Iluminismo confinou as convicções na razão e, assim, desencantou o mundo, como frisou Max Weber. "A razão é a imperfeição da inteligência", proclamava meu confrade Tomás de Aquino.

Há muitas qualidades de fé. Paulo Patarra, militante comunista e meu chefe na revista *Realidade*, se queixava de que Deus não o havia provido de fé. Professava o salmo às avessas.

Alberto Schweitzer, ao duvidar da divindade de Jesus, abraçou radicalmente a ética do Nazareno e abandonou a filosofia, a teologia e a música para cuidar, na África, de doentes pobres.

Jung, na contramão de Freud, afirmava: "não preciso acreditar. Eu sei". Ecoou a profissão de fé de Jó, o mais enigmático crente de toda a Bíblia: "Antes eu só te conhecia de ouvir falar, mas agora meus olhos te viram".

Jó foi desafiado a mostrar sua fé em um Deus que o privava do que ele mais amava. Mergulhou na "noite escura", mais tarde cantada por João da Cruz. E confiou (com fé), até que a aurora irrompeu.

O amálgama entre Ocidente e cristianismo banalizou a opção de fé. Rara a Igreja que proporciona a seus fiéis educação da fé conforme as idades infantil, jovem e adulta. Muitos cristãos adultos vestem a calça curta da fé. Guardam a mesma fé da catequese infantil.

Outros abdicam do senso crítico para aderir, como cordeiros a serem tosquiados, à palavra do bispo ou pastor. Confundem autoridade e verdade.

É triste constatar que muitos políticos corruptos e profissionais indiferentes aos direitos dos pobres são ex-alunos de colégios e universidades católicos. É de se perguntar: Escolas confessionais ou meras empresas de formação de mão de obra qualificada para o mercado? Qual a qualidade da evangelização feita por instituições cristãs?

Fé em Jesus é fácil. Embora poucos se interessem em estudar os evangelhos e o contexto em que viveu Jesus para melhor entender a sua proposta.

O desafio é ter a fé de Jesus. Fé que identificava Deus como Pai amoroso, reconhecia-o na face dos pobres, denunciava fundamentalistas e opressores, centralizava-se na justiça e no amor.

Será que nós, cristãos, cremos no mesmo Deus de Jesus?

Amor que não cabe no peito

Na experiência espiritual há um momento no qual o inefável irrompe. Ocorre algo cuja única analogia é experimentada por quem já esteve apaixonado. Na paixão entre pessoas, o outro ou a outra se torna mais presente em mim do que eu em mim mesmo. A saudade nada mais é do que essa profunda presença do ausente. No entanto, o outro que povoa a minha interioridade está, de fato, fora de mim.

Na relação com o Transcendente o processo é o mesmo. Há em mim um Outro que não sou eu e, no entanto, funda a minha verdadeira identidade. Difere da paixão humana por este importante detalhe: Ele está dentro e povoa a minha subjetividade. Nele o meu eu se volatiliza em chama viva de amor, que se derrama em minha relação com o próximo.

"Já não sou eu que vivo, é Cristo quem vive em mim", exclamou o apóstolo Paulo ao experimentar esse ardor. Não há felicidade comparável a essa Presença indizível. Foi ela que fez Jesus se transfigurar no alto do monte Tabor.

Teresa de Ávila, cujo coração conheceu o encantamento, sentiu-se arrebatada pela saudade do futuro e admitiu: "Morro por não morrer". Se neste mundo não há prazer que supere tal plenitude, o que nos aguarda do outro lado da vida?

Essa experiência amorosa exige deixar que nos envolva a nuvem do desconhecido. Paixão que supera a razão e não se confunde com a emoção. Quem não a conhece é capaz de descrevê-la, como tento fazer aqui. Quem a experimenta, se cala.

A trilha é árdua. Como diz Gilberto Gil, "Se eu quiser falar com Deus, tenho que ficar a sós, tenho que apagar a luz, tenho que calar a voz, tenho que encontrar a paz, tenho que folgar os nós dos sapatos, da gravata, dos desejos, dos receios (...) Tenho que ter mãos vazias, ter a alma e o corpo nus (...) Tenho que aceitar a dor, tenho que comer o pão que o diabo amassou, tenho que virar um cão, tenho que lamber o chão dos palácios, dos castelos suntuosos dos meus sonhos (...) e apesar de um mal tamanho, alegrar meu coração (...) Tenho que subir aos céus, sem cordas pra segurar (...) Caminhar decidido pela estrada que ao findar vai dar em nada (...) do que eu pensava encontrar".

Esse mergulho no inefável é o fundamento de todas as religiões. Infelizmente não costuma ser o fruto. A sarça ardente foi congelada pela institucionalização da fé nas estruturas religiosas, que perderam a sensibilidade à brisa suave captada por Elias.

Atingir essa experiência amorosa não é uma conquista, é um dom. Para recebê-lo é preciso arrancar as ervas daninhas, assim como se lavra a terra para acolher as sementes. Isso implica saber dizer não. Abraçar o Amor e evitar todas as demais seduções.

Assim como um fragmento de bola de fogo expelido da explosão solar veio, com o tempo, a se constituir no planeta no qual habitamos, igualmente a fagulha da mística, abafada pela burocracia religiosa, aos poucos perdeu o calor primordial. Solidificou-se em dogmas, preceitos, ritos e repressões.

Hoje, as religiões são como imensas caixas d'água de cimento armado diante das quais os fiéis, sedentos, têm fé de que, lá dentro, há água. No entanto, suas línguas continuam ressecadas. Difícil beber da Fonte de Água Viva, aquela que Jesus ofereceu à samaritana na beira do Poço de Jacó. Esse amor não cabe no peito.

Próxima à linguagem dos anjos, a poesia é o nosso único recurso para tentar traduzir o que prefere falar pelo silêncio. Talvez valha a tentativa neste *Domingo no circo*:

> Sou todo tua presença
> na radiosa manhã de domingo
> embandeirada de infância.
> Solene e festivo circo a(r)mado
> no terreno baldio do meu coração.
> As piruetas do palhaço
> são malabaristas alegrias
> na vertigem de não saber o que faço.
> Rugem feras em meu sangue,
> cortam-me espadas de fogo.
> Motos loucas no globo da morte,
> rufar de tambores nas entranhas,
> anúncio espanholado de espetáculo
> fazem de tua chegada a minha sorte.
> Domingo redondo aberto picadeiro
> ensolarado por tão forte ardor
> me refunde, queima, alucina:
> olhos vendados, sem rede sobre o chão,
> atiro-me do trapézio em teu amor.

O corpo no corpo no corpo

Na festa de *Corpus Christi* convém lembrar que há um corpo dentro de um corpo dentro de um corpo. De uma explosão inicial, chamada *Big Bang*, o Universo surgiu há 13,7 bilhões de anos e continua a se expandir em velocidade constante. Há 10 bilhões de anos uma estrela chamada supernova deu origem ao nosso sistema solar. Um pedaço dela, sem calor suficiente para ser considerado estrela, resfriou, e hoje é conhecido como planeta Terra, embora nele haja mais água que terra.

Sutis combinações ambientais se somaram para permitir, na Terra, o surgimento da vida, há 3,5 bilhões de anos. Em seu processo evolutivo, o pai-Universo, que gerou a ninhada de filhos conhecida como sistema solar, e no qual se destaca a filha Terra, viu irromper, no seio de nosso planeta, o fenômeno vida que, em suas variadas manifestações, gerou um ser dotado de inteligência e sede de transcendência conhecido como humano.

Milênios após o aparecimento do homem e da mulher – olhos e consciência do Cosmo – aparece no Oriente Médio um pregador ambulante que, herdeiro da tradição religiosa hebraica, nos revela que Deus é amor e habita os nossos corpos, templos divinos, dotados de irredutível sacralidade.

Muitos não prestaram atenção nas palavras de Jesus. Continuaram a procurar a semente fora da árvore. Não perceberam que Deus se incorporou em nosso corpo, que vive e se alimenta do corpo da Terra, que rodopia em torno do corpo do sistema solar, situado na extremidade do corpo de uma galáxia conhecida pelo belo nome de Via Láctea, uma entre bilhões de colares estelares expandindo-se pelo incomensurável corpo do Universo.

Não perceber que somos todos o corpo místico de Cristo fez a fé equivocada exilar Deus para fora de sua criação, confundindo transcendência com deslocamento espacial. Essa visão distorcida favorece a perplexidade causada pela notícia de que um cientista estadunidense criou vida artificial no seio de uma bactéria. Como se Deus fosse o Grande Relojoeiro definido por Isaac Newton. Ora, o que importa o relógio se ele não mostra as horas?

Somos dotados de inteligência para desvendar todos os mistérios da natureza – do *Big Bang*, testado no superacelerador construído entre as fronteiras da Suíça e da França, ao DNA computadorizado da bactéria de Craig Venter. A confusão em que se atola a fé reside no conceito pagão, grego, de Deus. Mais o valorizamos como poderoso do que amoroso, mais criador que redentor, mais origem de todas as coisas do que fim para o qual todas as coisas, sobretudo nossas vidas, devem convergir.

Os antigos acreditavam que só Deus poderia mudar a noite em dia; até que se inventou a luz elétrica. Só Deus era onipresente; até que se inventou a comunicação eletrônica. Só Deus poderia provocar o apocalipse; até que inventaram as ogivas nucleares.

Deixemos de lado a concepção mecanicista de Deus. Ainda que seja criada vida humana em laboratório a questão permanece a mesma que perturbou a mente de Alfred Nobel quando inventou a dinamite para quebrar pedreiras e viu seu artefato ser usado como arma de guerra: qual o grau de egoísmo ou amor com que lidamos com os bens da Terra e os frutos do trabalho humano?

Somos como a velha que, no mercado indiano, abaixou a cabeça para procurar algo no chão repleto de lixo. Outros passaram a imitá-la. Até que um jovem indagou: "O que procura?" "Uma agulha." "Uma agulha!" "Ora, aqui no mercado há milhões de agulhas à venda e não custam quase nada."

Muitos já desistiam da busca quando ela acrescentou: "Uma agulha de ouro". Então voltaram a abaixar a cabeça e procurar o precioso objeto. O rapaz fez outra pergunta: "A senhora não tem mais ou menos ideia onde a perdeu?" "Tenho sim", disse ela, "perdi-a em casa". "Em casa?" retrucou o rapaz. "E nos faz de bobos procurando-a aqui no mercado?"

A velha disse a todos que a fitavam: "Sim, procuro aqui o que perdi dentro de casa, assim como todos vocês procuram fora a felicidade e o amor que está dentro de vocês".

Tempo de esperança

Para os cristãos, o ano se divide em tempos litúrgicos. O Advento, que antecede o Natal, é o período de expectativa do que virá. E esperar é acreditar que o futuro será melhor. Como sublinhava Spinoza, deixar-se guiar pela esperança, e não pelo medo, é ousar ser livre.

A fé é a virtude de acolher o Transcendente. O amor, de acolher o próximo. Já a esperança é a tensão que conecta o presente ao futuro. Nada sabemos do que será. Nem "o que será que será", como interpela a canção de Chico Buarque na voz de Milton Nascimento.

O presente, no entanto, se escancara aos nossos olhos. Chega-nos aos borbotões pelas janelas eletrônicas: guerra na Síria; refugiados no Mediterrâneo; insegurança quanto aos rumos do governo; ascensão da direita; o papa Francisco denunciando a "globalização da indiferença".

No Brasil, a caça aos corruptos; o ajuste fiscal que penaliza o trabalhador e protege o capital; a falência dos estados; a violência nas grandes cidades; a disseminação das drogas, qual peste medieval que afeta sobretudo os mais jovens; o aumento do desemprego e o desencanto com a política.

O que esperar? Há quem se deixa imobilizar, banca o avestruz e enfia a cabeça na areia, fica à espera do milagre de um futuro melhor. Há quem acredite que Deus ouvirá as nossas preces e haverá de intervir na história humana.

Deus é Pai, não paternalista. Entregou-nos a criação. Cabe a nós administrá-la. "Se Deus é bom, por que há tanta desgraça?", indaga o cético. A pergunta correta é outra: "Por que nós, seres humanos, causamos tanto sofrimento ao promover injustiças e exclusões?"

Não coloquemos na conta de Deus a fatura de nossos débitos. Frisa o *Livro do Gênesis* que, ao terminar a criação, Javé viu que tudo "era muito bom". O qualificativo é notório. Se hoje o "muito bom" parece distante, há que indagar que diabos fizemos com a natureza e a sociedade para causar tanta devastação e dor.

Colhe-se no futuro o que se plantou no presente. Portanto, aguardar um futuro melhor é empenhar-se em corrigir os rumos do presente. O GPS existe, basta nos deixar guiar por ele: o exemplo de Jesus e de tantos mestres espirituais. Ou esta simples e sábia lição: não fazer ao próximo o que não gostaria que fizessem a mim.

No teatro grego havia um coro que recitava o contrário da cena que se desenrolava no palco. Seus integrantes eram chamados de "hipócritas". Na Palestina do século I, os fariseus, como advertiu Jesus, denunciavam o cisco no olho alheio sem admitir a trave que traziam no próprio.

Como semear um futuro melhor se trago o coração pesado de ódio, mágoas e ressentimentos? Como colher flores se a boca profere palavras ácidas contra quem não pensa como eu? Como haverá paz se aplaudo a vingança? Como esperar harmonia se reforço o preconceito e a discriminação? Como sonhar com a justiça se jamais partilho bens materiais e espirituais?

Viver o Advento é abandonar o compasso de espera. Livrar-se da expectativa de que outros farão o que não faço. É, sobretudo, voltar-se sobre si mesmo e perguntar: O que Deus e o próximo esperam de mim? Como posso renascer neste Natal? Como despojar coração e mente de tantos entulhos que me induzem à ilusão de que sou melhor do que os outros e, portanto, me sinto no direito de me arvorar em juiz da vida alheia?

Há que prestar atenção nos versos de Vicente de Carvalho (1866-1924):

> Essa felicidade que supomos
> árvore milagrosa que sonhamos
> toda arriada de dourados pomos
> existe sim; mas não a alcançamos,
> porque está sempre apenas onde a pomos
> e nunca a pomos onde nós estamos.

Como alerta a canção de Vandré, "quem sabe faz a hora, não espera acontecer".

Esperança em tempos distópicos

Distopia é o oposto de utopia. O apagar da esperança. Sou da geração que tinha 20 anos na década de 1960. Éramos viciados em utopia. Não queríamos mudar apenas os costumes (revolução sexual, nova gramática da arte etc.). Queríamos mudar o Brasil e o mundo. Corriam em nossas veias valores, ideais, projetos históricos. Ousávamos enfrentar a repressão da ditadura. Inventávamos o futuro. O Brasil cabia em um único adjetivo: novo. O cinema era novo; a bossa, nova; o projeto de desenvolvimento encabeçado por Celso Furtado, igualmente novo.

Vivemos agora em tempos de distopia. Imobilidade, apatia, indiferença. Como Qohélet, autor bíblico do *Eclesiastes*: "Todas as palavras estão gastas... O que foi é o que será, o que se fez é o que se fará: nada de novo sob o sol!" (1,8-9).

John Donne (1572-1631) dizia que "nenhum homem é uma ilha". No reino animal, somos a espécie que mais precisa de cuidado para se tornar autônoma, cerca de 12 anos. No entanto, a cultura da desesperança nos induz a ficar ilhados em nossos confortos, medos ou inseguranças. Sabemos o que não queremos e manifestamos o nosso desagrado, a nossa frustração, até o nosso ódio contra tudo e contra todos nas redes sociais. Não sabemos, porém, o que propor ou buscar.

A crise é civilizatória. O mundo é dominado pela financeirização da economia. Um pequeno grupo de empresas transnacionais tem mais poder do que os estados. Tudo é pensado em função da acumulação do capital e a preservação da natureza é considerada entrave ao progresso.

O que isso tem a ver com a espiritualidade? Ela é a essência de nossa subjetividade, altar no qual erigimos e adoramos os nossos deuses. Não há ninguém desprovido de espiritualidade. Há, sim, quem a nutre em fontes altruístas, como Buda, Moisés, Jesus ou Maomé, e quem elege o interesse egocêntrico como bem supremo. Nossas opções dependem de nossa espiritualidade.

A mercantilização dos bens da vida e das relações humanas propicia o surgimento de religiões sem teologia, igrejas sem liturgia, fiéis sem caridade. Abraça-se o transcendentalismo que atribui todos os males à luta entre o bem e o mal. Inútil buscar as causas dos males na vida social. Há que se resignar à "vontade de Deus" e orar para que o milagre aconteça...

O neoliberalismo dissemina a cultura de que "a história acabou", nada haverá de mudar, e elege o Estado como culpado de todos os problemas, devido aos gastos excessivos, à corrupção e à politicagem. Assim, aceitamos trocar a liberdade pela segurança, os princípios pelos interesses, o público pelo privado, o bem pelos bens.

Entre os mais pobres, premidos pela imediata preservação da vida biológica, a ausência do Estado (escola, cultura etc.) os leva a buscar cidadania na pertença à igreja, e direitos sociais nos serviços assegurados pelo narcotráfico.

Onde a saída para a esperança? Para os imediatistas, nos avatares. Haverá de irromper um "messias" que fará chover bonança. A Bíblia é rica em períodos de desalento como o que ora atravessamos. Porém, os Profetas sublinhavam que só haverá saída, como na descrição de Ez 37, se até os mortos puderem recobrar vida e se levantar.

A saída não depende apenas de minha vontade, de meu partido, de meu projeto. Depende de uma obra coletiva embasada em uma nova maneira de pensar e agir. De uma espiritualidade holística, socioambiental, como propõe o papa Francisco na encíclica *Louvado sejas*.

Por isso, Jesus não teve pressa para que o Reino de Deus, tal como seu Pai quer e a quem rogamos que "venha a nós", acontecesse logo. Adotou a única atitude que faz da esperança proposta efetiva: organizou um grupo de doze companheiros, que se fizeram 72, que se fizeram 500... Plantou as sementes de um novo projeto civilizatório que se caracteriza, nas relações pessoais, pelo amor e a compaixão; e nas relações sociais, pela partilha dos bens da Terra e dos frutos do trabalho humano.

Perspectivas da espiritualidade cristã

A espiritualidade cristã consiste em vivenciar o Evangelho dentro de uma situação histórica determinada. Viver segundo o Espírito.

Após a volta de Jesus ao Pai inaugura-se o tempo do Espírito presente em sua Igreja. Os que vivem nesse tempo participam de uma realidade nova e escatológica. Igreja e Espírito são inseparáveis. A experiência do Espírito se processa na Igreja. A espiritualidade cristã é fundamentalmente eclesial. Como dom do Espírito, a espiritualidade é vínculo de união entre as pessoas, e de comunhão de Deus com o seu povo.

Estar em Cristo Jesus é "viver pelo Espírito" (Rm 8,1-5). É Ele quem nos faz repetir os gestos e as palavras de Jesus e dar testemunho do mistério divino. Seus dons superiores são a fé, a esperança e o amor.

Entender a espiritualidade como uma parte destacada do conjunto de nossa vida é esvaziá-la de sua maior riqueza: o fato de constituir o eixo que perpassa a totalidade de nossa existência e no qual se estabelece a síntese de nossas relações com o mundo, com as pessoas, com a natureza e com Deus.

Há muitas maneiras de vivenciarmos a Palavra de Deus. O perfil do testemunho cristão varia em função das condições históricas de uma sociedade determinada.

No decorrer dos séculos a espiritualidade cristã se revestiu de diferentes formas. Aos nossos olhos, velhos estilos de vida espiritual parecem superados, exagerados e até mesmo antinaturais. Contudo, ainda há quem atribua a crise espiritual que atravessamos ao abandono dos métodos ascéticos e das vias místicas consagradas pelos antigos, que foram verdadeiras escolas de santos.

É próprio da consciência alienada olhar o futuro e o passado sem levar em conta o presente. Em vista de um futuro quimérico, nega todo o passado como um vasto período de trevas e obscurantismo que deve ser completamente soterrado pelas novas perspectivas messiânicas. Por sua vez, o futuro é encarado, não como um devir, um processo que nutre o seu dinamismo nas contradições que lhe são inerentes, mas como um Eldorado sem antagonismos, sem conflito e sem história – e, paradoxalmente, sem futuro. Esta é uma visão da história que paira acima da realidade, não tem sua raiz no presente a partir do qual devemos avaliar o passado e construir o futuro.

A evolução da espiritualidade na Igreja não pode ser encarada segundo exigências próprias à nossa época. É preciso certo esforço, que é sinônimo de honestidade intelectual, para se ter em conta as circunstâncias históricas (políticas, econômicas, culturais, teológicas) em que floresceu cada nova corrente espiritual.

Verificamos assim que, no passado, houve renovação verdadeiramente revolucionária, embora hoje se nos apresente a inconveniência de alguns modelos e métodos espirituais, talvez ótimos para saciar o apetite de certas almas escrupulosas, mas prejudiciais enquanto tributárias de uma visão teológica ultrapassada e incapaz de responder à problemática específica de nosso tempo.

Nem pessimismo nem saudosismo devem pesar em nossa postura diante da espiritualidade das gerações cristãs. Todo cristão é sacramento de Deus na sociedade. A forma e a eficácia do sinal modificam-se no tempo e no espaço.

Se hoje torcemos o nariz diante dos anacoretas ou da *Imitação de Cristo* é porque não correspondem mais às exigências do contexto em que nos situamos. O fruto fora de época fica amargo e apodrece. Aqueles que fazem questão de se manter apegados às velhas fórmulas, fazendo de seu pequeno mundo uma réplica medieval, demonstram profunda covardia diante dos desafios do presente e do futuro. Parecem não acreditar que o Espírito Santo permanece para sempre na Igreja e que, em tempo oportuno, a videira deve ser podada para que nasçam novos ramos.

Antes de tratar das perspectivas da espiritualidade cristã descreveremos, em linhas bastante gerais, a evolução da vida espiritual na Igreja. Veremos que foi sempre uma pequena, mas significativa parcela do povo de Deus – os religiosos – que deram a tônica. A própria vida religiosa foi pretensiosamente chamada de "estado de perfeição". Em seguida, levantaremos algumas pistas a partir dos problemas que afetam a nossa geração pós-conciliar e que poderão ser úteis a quem tem os olhos voltados para o futuro – lá onde o Reino de Deus nos aguarda como realização definitiva de nossa comunhão com Deus, com os nossos semelhantes e com a natureza.

Grandes linhas da evolução da espiritualidade

Nos primeiros séculos, os cristãos em nada se distinguiam dos demais, exceto na fé de que Jesus Cristo, crucificado pelos romanos em Jerusalém, é o Senhor. A Igreja, muito mais que uma sociedade hierárquica e juridicamente constituída, era uma comunidade de vida animada e enriquecida pela variedade de carismas suscitados pelo Espírito.

Não existia uma espiritualidade para os leigos e outra para os ministros do culto, mesmo porque a divisão entre eles era tênue. Todos se reuniam com frequência para a fração do pão e orações. Seguiam igualmente o ensinamento dos apóstolos e testemunhavam a ressurreição do Cristo que retornará. Entre eles tudo era comum, tinham um só coração e uma só alma (At 4,32).

A recusa dos cristãos em reconhecer a divindade de César tornou-se uma ameaça à unidade do Império. Passaram a ser perseguidos como subversores da ordem estabelecida. Eram tidos como "raça entregue a uma superstição nova e culpada" (Suetônio), e acusados de "odiarem o gênero humano" (Tácito). É a época dos confessores e mártires, dos que testemunhavam sua fé com o sacrifício da própria vida.

No início do século III, os cristãos deixaram de formar pequenos grupos e invadiram a sociedade. O problema consistia em saber que costumes abraçar, que costumes rejeitar. Era tarefa dos grandes moralistas de então, como Clemente e Tertuliano, encontrar o equilíbrio entre a vida cristã e a vida social. Por essa época os cristãos romperam com o mundo helenístico e romano.

A era constantiniana inaugurou um período de legalidade e estabilidade para a Igreja. O cristianismo tornou-se a religião oficial do Império. Acentuou-se a distinção entre o clero, fortemente hierarquizado, e a massa dos fiéis.

Nos centros urbanos, as novas facilidades garantidas aos cristãos provocaram um esmorecimento da vida espiritual. Os privilégios e as riquezas afrouxaram as virtudes amadurecidas na antiga disposição ao martírio.

Em reação a esse aburguesamento espiritual, muito bem criticado por São Jerônimo, alguns cristãos partiram para o deserto a fim de preservar a firmeza evangélica recebida como preciosa herança dos que haviam sucumbido corajosamente sob as perseguições. Eremitas e cenobitas experimentaram na solidão do deserto as provações que tanto contribuíram para a expansão e o crescimento da Igreja nos primeiros séculos. Agora o perseguidor pagão é substituído pelo demônio; a catacumba, pela caverna; as torturas, pelas privações de uma vida fundada no silêncio e na austeridade. O monacato surgiu como meio favorável aos que buscavam a perfeição evangélica. A mística era a mesma de um

Inácio de Antioquia, de um Policarpo ou de um Irineu: ser fiel a Cristo até o dom total de si, prova suprema do amor.

Com os monges do deserto surge uma dicotomia na vida espiritual. De um lado, leigos e o clero; de outro, monges, supostamente mais próximos do ideal de santidade. Entretanto, persistia ainda a unidade entre a teologia e a espiritualidade. A teologia como sistematização de uma experiência de vida à luz da Palavra. Baseada na meditação sobre a Bíblia. É sabedoria antes de aparecer como saber racional. Não se ensinava nas escolas, mas pela vida, pelo testemunho cristão. Os discípulos acercavam-se do mestre em busca não de conhecimentos, mas de santidade.

Os Padres da Igreja foram a máxima expressão dessa perfeita sintonia entre teologia e espiritualidade, exegese e pregação, ação e contemplação. Exceção feita a Santo Ambrósio, todos foram monges por algum tempo. Destacaram-se pela direção da Igreja como bispos, pela cultura dedicada à santidade da vida, por seus comentários exegéticos e espirituais da Sagrada Escritura.

Nos eremitérios e comunidades do deserto surgiu a primeira tendência à elitização da espiritualidade cristã. Os fiéis eram os "principiantes", e os monges os "avançados". O tempo fez com que privações e provações, tidas inicialmente como prolongamento do martírio, se transformassem em fórmulas ascéticas. A mortificação adquiriu papel preponderante. A influência do platonismo criou a exigência de purificação e libertação do espírito pela disciplina e morte do corpo.

Nas cidades, a vida litúrgica e sacramental expandiu-se entre a massa de fiéis a partir do século IV. O culto era a principal atividade da Igreja, e o ofício divino nas horas canônicas contava inclusive com a participação de leigos. Ampliou-se a devoção aos mártires, em cuja honra foram erguidos templos. Surgiram as primeiras romarias.

As pequenas comunidades do deserto transformaram-se em grandes mosteiros e, os monges, em ricos senhores feudais. Na linha de tradição de São Basílio e Cassiano surge, no século VI, a espiritualidade de São Bento, que estabelece uma ascese bem equilibrada, com o tempo repartido entre a *lectio divina*, a salmodia, o jejum e o trabalho manual. Essa geração produziu um São Gregório Magno, papa e mestre espiritual, habilidoso diplomata e teólogo da vida mística.

O equilíbrio foi rompido quando Cluny solenizou os ofícios, prolongando-os em detrimento do trabalho manual. Citeaux surgiu em reação a Cluny, tornando mais severa a Regra, a sobriedade e o despojamento de seu estilo monástico.

Na Irlanda, os monges se destacavam por uma vida de mortificação e ascese. O clima era de façanhas e excessos: austeridade de moradia, restrição do sono e da comida. O auge da ascese era considerado equivalente real do martírio. A expiação das faltas pessoais estava detalhadamente prevista nos livros penitenciais. O catolicismo latino herdou da velha Irlanda um dos aspectos mais característicos de sua piedade: a confissão auricular frequente em íntima associação desse sacramento à direção espiritual.

É entre as ermidas que, desde o início da Idade Média, se introduziu a penitência por meio da flagelação e do uso do cilício. Era uma reminiscência da ascese do deserto, à qual se somava um elemento novo: a mortificação, outrora praticada como prolongamento do martírio ou ascese, agora é valorizada em reparação aos pecados do mundo. Basta mencionar aqui o nome de Pedro Damião.

As ambições expansionistas do poder temporal, aliadas às preocupações da Igreja de reconquistar e salvaguardar os lugares santos, suscitaram as grandes peregrinações a Jerusalém, São Tiago de Compostela, Roma etc. As cruzadas foram instituídas para a recuperação das terras onde Jesus viveu. O cavaleiro e o santo se fundem no cristão que, de armas na mão, combate em defesa da fé.

A mística ocidental foi fortemente atingida pela imaginação e pelo ardente desejo de imitação do Jesus histórico dos evangelhos. A espiritualidade centrou-se na imagem do Jesus pobre, humilhado e crucificado. No século XIII, Francisco de Assis desposou a Dama Pobreza e recebeu os estigmas. Mais tarde, Henrique Suso entregou-se à mortificação extrema em imitação a Jesus flagelado...

Em contraste com a Igreja rica e poderosa, a pobreza apareceu como nota principal das ordens mendicantes, e mesmo dos mais destacados grupos considerados heréticos. Nessa época, a teologia passou a se constituir como ciência. Os dominicanos assumiram o estudo como forma de ascese. Todavia, São Bernardo e São Boaventura, insistiram sobre os votos monásticos e retomaram as clássicas etapas da espiritualidade de São Dionísio: *purgatio, illuminato, perfectio* (purgação, iluminação, perfeição).

O fim da Idade Média coincidiu com um empobrecimento da vida espiritual. Os estudos escolásticos ocuparam o lugar antes reservado à *lectio divina* e à contemplação; a oração tornou-se devocional e formalista.

O que se denominou *devotio moderna* aumentou a distância entre espiritualidade e teologia sempre mais especulativa. A escola holandesa de Gerard Groet inspirou Thomas de Kempis, cuja *Imitação de Cristo* procura resumir as tendências do passado canonizando a separação entre o corpo e o espírito, natural e sobrenatural, teólogos e místicos, Igreja e mundo. A união com Deus supõe aqui certo anti-intelectualismo, uma reação contra a teologia escolástica e a ciência.

No esforço para escapar à secura e à riqueza do formalismo espiritual, no século XV valorizou-se a atitude emocional, onde a dor e o sofrimento tinham papel de destaque. A devoção à humanidade sofredora de Cristo se manifestou como verdadeiro culto ao dolorismo, com métodos de mortificação bastante rigorosos.

Já o misticismo espanhol, com Santa Teresa de Ávila e São João da Cruz, acentua o aspecto interior, psicológico, da ascensão mística. A importância atribuída aos estados de consciência provocou uma psicologização da vida espiritual. Nota-se a influência de Santo Tomás de Aquino, que havia analisado o arrebatamento de São Paulo, e se tinha interessado pelas relações entre a alma e o corpo, e pelas modalidades de conhecimento.

Nos últimos séculos, a preocupação apologética e soteriológica favoreceu a austeridade rigorista das práticas penitenciais impostas aos fiéis. Com Grignion de Montfort a espiritualidade, fundamentalmente mariana, adquiriu caráter apocalíptico e quase esotérico. Mas foi com Margarida Maria Alacoque que a nova devoção ao Sagrado Coração se manifestou em espiritualidade reparacional. A mortificação procurava satisfazer a justiça divina e obter a salvação dos pecadores.

Santa Terezinha do Menino Jesus purificou a espiritualidade dos aspectos acidentais e devocionais, e ressaltou o seu caráter essencialmente missionário. O que antes aparecia como verdadeiro ato de heroísmo, revela-se nela como simples ato de amor.

Ainda é cedo para se fazer o inventário das contribuições do século XX ao patrimônio espiritual da Igreja. O futuro, porém, haverá de destacar o realismo de um Dietrich Bonhoeffer, voltado para um novo modo de presença cristã na cidade secular; o engajamento dos militantes leigos animados por uma espiritualidade que requer um mundo mais justo; a amplitude cósmica e cristocêntrica da mística de um Teilhard de Chardin; a opção pelos pobres enfatizada pela Teologia da Libertação.

Crise da vida espiritual

Atualmente fala-se com frequência em crise. A Igreja está em crise, a vida religiosa está em crise, a vida espiritual está em crise. Ora, estar em crise não significa necessariamente estar em retrocesso, como creem alguns. A raiz sânscrita deste termo (Kri ou Kir) significa limpar, purificar. Daí derivam crisol, acrisolar, crítica. A crise é um processo crítico de purificação, melhora e avanço.

Como todo o processo cujo dinamismo supõe a existência de contradições e exigência de rupturas, a crise da vida espiritual deve orientar-se pela busca do essencial, de uma espiritualidade enraizada na Palavra de Deus, centrada no mistério pascal, e profundamente encarnada na história.

Há muitas maneiras de se situar frente à crise. A atitude mais cômoda é evitar encarar o futuro e fechar-se no que resta de passado. É a atitude contrária à fé. Conforme o exemplo de Abraão, a fé supõe confiança e risco. É possível também se refugiar no futuro, negando qualquer valor à experiência do passado ou do presente. Fica-se apegado a uma Igreja ideal ou imaginária que só existe nos estritos limites de uma subjetividade alienada.

Outros preferem se isolar em sua comunidade e desconhecer o progresso que ocorre no mundo. São como o avestruz com a cabeça enfiada na areia. Querem uma Igreja à sua imagem e semelhança. Este isolamento revela profundo narcisismo espiritual.

Os que temem qualquer crise como algo de anormal, inquietante ou catastrófico acabam se omitindo diante de novas tarefas que esse período de transição e descoberta impõe. Só os que aceitam o desafio da crise e prendem-se aos seus aspectos positivos e purificadores, apesar de seus lances dramáticos e dolorosos, são capazes de descobrir os desígnios de Deus e assumi-los.

Nos momentos mais agudos da história do povo hebreu os patriarcas e os profetas mantiveram a plena confiança na Promessa. Esperaram contra toda esperança. Também os grandes santos da Igreja foram cristãos que souberam enfrentar os períodos críticos com otimismo e coragem de transformar e inovar.

Há cristãos que opõem o qualificativo "espiritual" à vida material, como se o progresso de uma dependesse do menosprezo da outra. Encerram-se em uma espiritualidade dualista, individualista e desencarnada. Uma espiritualidade mais próxima dos modelos orientais pagãos que dos ensinamentos evangélicos. Conhecem as técnicas do autodomínio, mas são insensíveis ao clamor dos pobres e marginalizados; sabem orar sem distração, mas são incapazes de assumir as preocupações fundamentais da maioria do povo.

Para esses cristãos, a oração é muito mais um lenitivo que um diálogo com Deus. É quase um monólogo, no qual a pessoa se satisfaz com o silêncio de sua omissão, a paz de sua fuga das responsabilidades, a quietação de um ser que aspira unir-se a Deus procurando isolar-se dos semelhantes.

Por outro lado, encontramos cristãos que, no afã de suas atividades, não sabem preservar sua interioridade. Possuem uma fé que não parece resultar no amor pessoal a Jesus Cristo. Temem "perder tempo" na oração. Sem dúvida são cheios de amor para com o povo, que querem livrar da injustiça, mas já não conseguem manter a íntima relação entre transformação da sociedade e esperança no Reino de justiça que estabelecerá a comunhão definitiva de Deus com seus filhos e filhas. Há neles uma cisão entre a vida interior e a atividade pastoral ou política.

Alguns procuram resolver esse impasse retornando às formas metódicas de oração, geralmente desligadas do contexto global de seu engajamento. Rezam porque "não fica bem" a um cristão não passar o dia sem pronunciar uma prece ou a semana sem assistir a uma missa. Não se tornaram ainda adultos na fé.

Outros justificam seu irrefreável ativismo pela afirmação de que "oração é vida". Em geral só conheceram a oração formalista associada a um tipo de religiosidade infantil ou a uma espiritualidade de colégio religioso. Não vivem a presença envolvente e amorosa de Deus em suas vidas, e o ativismo acarreta a perda de perspectiva que, em última instância, anima o cristão na luta pela justiça: fazer a história avançar na direção do Reino, dom gratuito pelo qual tudo está restaurado e "Deus será tudo em todos" (1Cor 15,28).

De fato, só quando o nosso projeto fundamental consistir em colocar Deus no centro de nossa existência, como Aquele no qual tudo é referido, poderemos então afirmar que a nossa vida se converteu em oração. A oração passa então a informar o engajamento, como eixo cujos polos são os momentos de solidão e silêncio em que entramos na intimidade do Pai pelo Espírito que atua em nós, e as celebrações litúrgicas nas quais festejamos a realização das promessas de Deus na história.

Ocorreu recentemente na Igreja um fenômeno que muitos consideraram um novo Pentecostes. Uma das formas de vida espiritual decorrente desse acontecimento é caracterizada pelo "batismo no Espírito Santo". Fala-se mesmo em "catolicismo pentecostal", expressão que sem dúvida limita o sentido de universalidade do substantivo e parece estabelecer uma categoria especial de cristãos.

O Espírito nos concede carismas, não para nosso proveito, mas para o benefício da comunidade. Carisma não é sinônimo de milagre, e sim de serviço. Serviço responsável que visa a edificar a Igreja. Portanto, a busca de experiências carismáticas não deve ser confundida com um rito esotérico nem com uma fórmula de solução para problemas pessoais crônicos.

É um engano pensar que Deus assinala sua presença por fenômenos, sensações e acontecimentos extraordinários. Salvo em algumas ocasiões como a sarça ardente na montanha ou a língua de fogo no Cenáculo, o Senhor está permanentemente presente na brisa suave do monte Horeb. É o Espírito, sempre presente, que santifica e guia o povo de Deus reunido na Igreja, ao mesmo tempo em que distribui seus dons como quer. São Paulo afirma que o nosso corpo é templo do Espírito Santo que está em nós (1Cor 6,19). Se cremos que Ele está em nós, não é necessário "sentir" alguma coisa para entrarmos em comunhão com Deus; essa comunhão se processa além de qualquer percepção sensível do corpo ou do espírito.

Cada pessoa é objeto de amor incomensurável de Deus. Os cristãos são os que têm consciência de que o sentido dessa realidade, apreendida pela fé, foi revelado na morte e ressurreição de Cristo. Mas não basta saber ou crer que o Senhor nos ama. Deus é pessoa, e o amor de uma pessoa a outra exige reciprocidade. Esta relação é o supremo dom do Espírito Santo, e é ela que permite a um cristão exclamar: "Já não sou eu que vivo, é Cristo que vive em mim" (Gl 12,20).

O Vaticano II acentua que todos os cristãos "de qualquer estado ou ordem são chamados à plenitude da vida cristã e à perfeição de caridade. Por esta santidade se promove também na sociedade terrestre um modo mais humano de viver" (*Lumen Gentium* 102). A vida cristã como serviço deve necessariamente humanizar o mundo. Assim como toda ação pastoral repercute politicamente, toda ação política de um cristão tem repercussões pastorais.

Nessa linha, certas distinções já não fazem sentido, como a que habitualmente se estabelece entre preceitos e conselhos evangélicos. Ora, se o dom de amor de Deus, manifestado em Jesus, é oferecido a todos, devemos admitir que de cada um de nós, leigos e religiosos, casados ou celibatários, o Senhor espera uma resposta incondicional.

Só o egoísmo e suas consequências – a injustiça, o ódio, a opressão, a sensualidade, o amor ao dinheiro – podem erigir uma barreira entre a pessoa e Deus. A nós cabe a tarefa de quebrar essa barreira. Por isso, a perfeição cristã nada tem a ver com a do herói grego ou com a do mestre hindu. Tem a ver, sim, com a coragem de um Paulo que anuncia o Evangelho entre perseguições, torturas e prisões, ou com a loucura de um Francisco que vive obcecado pela imagem do crucificado.

Do jovem rico que guardava criteriosamente os mandamentos, Jesus exigiu mais (Lc 18,22). A medida do amor é amar sem medida. Mas ele preferiu ficar apegado a seus bens. Do mesmo modo, podemos não querer romper certas amarras, mas a verdade é que Deus espera de cada um de nós, em qualquer circunstância, uma opção radical dentro de uma totalidade evangélica que não admite fidelidade aos mandamentos sem comunhão com os pobres e oprimidos, fé sem testemunho, entrega sem risco, fidelidade sem busca de perfeição na caridade.

Somos tributários de um tipo de religiosidade que identificava vida cristã e ordem social burguesa. Ser cristão significava, nessa linha, manter-se resignado dentro do conflito da luta de classes sociais, e preocupar-se apenas com uma conduta marcada pelo individualismo e por uma moral intimista. Dentro de certa ética social, ser cristão era uma maneira de "estar bem", com a consciência apaziguada e os sofrimentos atuais sublimados pela esperança na recompensa celeste.

A vida espiritual consistia em manter um certo ritmo de deveres e obrigações religiosas aprendidas em casa, na paróquia ou no colégio: ir à missa aos domingos, recitar periodicamente algumas fórmulas e orações, não pecar contra a castidade, não desejar mal ao próximo. Era a "espiritualidade do mínimo". O importante era não cometer pecados graves. Prática religiosa legalista e ritualista, na qual não havia lugar para a preocupação com a vida da Igreja e da sociedade dentro de uma estrutura social essencialmente injusta. A caridade cedia lugar às boas relações humanas, e a vida no Espírito a um estado psíquico livre do peso da culpa ou do remorso. Era uma maneira eminentemente farisaica de ser cristão, muito em voga ainda entre os mais afortunados.

Quando a nossa fé é sustentada por um excessivo racionalismo e prescindindo de explicitação em obras que promovem a libertação, falamos de Deus sem aquela convicção fundada em profunda experiência evangélica. O nosso testemunho não convence nem converte. Nossa vida cristã parece desviada da esperança na promessa escatológica.

Se o nosso engajamento não é testemunho de que a ressurreição de Cristo é o acontecimento central da história, nossas palavras soam mais próximas de uma concepção helênica de Deus – o "eterno presente" do ser de Parmênides, "a ideia suprema" de Platão, o "motor imóvel" de Aristóteles – do que da fé no Deus da Promessa que conduz seu povo à libertação e estabelece com Ele um pacto irrevogável. Falar sobre Ele é mais fácil do que escutá-lo, obedecer-lhe, vivê-lo e amá-lo, e quando isso ocorre é sinal que houve profunda cisão entre teologia e espiritualidade.

O movimento bíblico e ecumênico, o aparecimento de um laicato consciente e atuante, a reforma litúrgica, a teologia das realidades terrestres e, em decorrência, o Concílio Vaticano II – são fatores que vieram questionar os modelos tradicionais de espiritualidade e exigir a descoberta de novas perspectivas.

Se, por um lado, já não ousamos considerar a vida religiosa como "estado de perfeição", por outro é impossível deixar de reconhecer a santidade do leigo que arrisca sua vida na luta pela justiça, que é a forma por excelência de busca do Reino de Deus. É preferível, portanto, não falarmos mais de uma espiritualidade para religiosos distinta da espiritualidade para leigos. Todos foram igualmente chamados à liberdade. Pelo amor que consuma essa liberdade cada um deve se fazer servo do outro (Gl 5,13).

A crise que ora atravessamos deverá permitir-nos recuperar a unidade da vida espiritual, pondo fim a certas dicotomias estratificadas pela tradição, com a distinção entre a vida ativa e a vida contemplativa. A expressão "vocações contemplativas" tornou-se suspeita. É claro que não podemos ignorar a variedade de carismas que faz a riqueza da Igreja. Mas o estatuto jurídico concedido às "vocações contemplativas" estabeleceu certa discriminação, como se a contemplação fosse privilégio de uma elite espiritual, e ação e a oração recitativa o feijão com arroz da grande massa de fiéis...

A contemplação está ao alcance de toda pessoa de fé. A união com Deus, que será transparente e definitiva quando formos libertados da morte, pode iniciar-se desde agora, pois já "possuímos as primícias do Espírito" (Rm 8,23). Não há um único versículo no Evangelho que nos permita afirmar que a contemplação é privilégio dos que abraçaram determinado estado de vida.

Pela sua vida e pregação, Jesus ensinou que a ação e a contemplação se complementam. Ele, que vivia entre o povo, frequentemente se afastava em busca de solidão para poder rezar. Apesar de todo o valor da oração litúrgica e comunitária, o momento de deserto permanece indispensável à vida cristã. Cabe a pergunta se, de certa maneira, a obrigatoriedade do breviário e do ofício divino não mataram a vida de oração de padres e religiosos... Não havia tempo para encontrar Deus no silêncio. Da oração individual faziam um rosário de petições, assim muitos não chegaram a descobrir a oração como encantamento. Não ultrapassaram aquele limite em que o fiel deixa de rezar para ser transfigurado pela oração.

A contemplação não depende de claustros silenciosos, de rubricas e regras apropriadas. É fruto da relação de amor que supõe entrega, risco, confiança. Evidentemente certos fatores podem auxiliar o melhor desenvolvimento da vida espiritual, mas o essencial, afirmou Jesus, é que "se alguém me ama, guarda minha palavra, e meu Pai o amará, e viremos a ele, e estabeleceremos nele a nossa morada" (Jo 14,23).

A contemplação tem dimensão social e histórica. É através da própria ação que realiza a justiça e constrói a unidade entre todos, que devemos entrar em comunhão com o Cristo. Esta comunhão, que se dá na história na qual Deus nos revelou seus desígnios, não se esgota nela.

História do mundo e história da salvação não são superpostas ou paralelas, mas constituem uma única realidade. Ao povo de Deus cabe desvendar o sentido salvífico encerrado nos acontecimentos. Esta é a nossa missão profética. Buscamos a união definitiva com Deus na medida em que preparamos o mundo para receber o Reino de justiça e amor. A Igreja, presença embrionária deste Reino na história, anuncia-o e realiza-o aos poucos. Seu exemplo e guia é aquele no qual o Pai já realizou efetivamente o seu Reino: Jesus de Nazaré.

Através de uma espiritualidade que integre ação e contemplação descobrimos o nosso mistério pessoal, o mistério dos acontecimentos históricos e, no seio de nossas relações com o mundo e com os homens, o mistério de Deus vivo. Isso nos liberta e nos coloca em uma posição revolucionária diante do mundo, criação de Deus na qual nos foi dada a tarefa de dominar, transformar e aperfeiçoar (Gn 1,28).

É dentro da história que anunciamos o Reino. A vocação de João Batista mostra que anunciar e guardar o Reino de Deus é endireitar as veredas (Mt 1,3). Assim como individual e comunitariamente procuramos eliminar os obstáculos à nossa comunhão com Deus, do mesmo modo historicamente devemos afastar as causas das desuniões entre as pessoas, sejam elas econômicas, políticas ou ideológicas.

Nesse esforço comum de humanização das estruturas e das relações sociais os cristãos encontram a unidade entre a sua esfera subjetiva e objetiva, realidade pessoal e social. A oração adquire, nessa linha, uma dimensão social e política cuja expressão máxima é a celebração litúrgica. A comunidade, animada pela fé na ressurreição de Cristo, festeja com ação de graças a gratuidade do amor de Deus que faz novas todas as coisas e suprime o caráter absoluto de qualquer obra humana. Como memória, profecia e promessa, a celebração é novidade (na perspectiva da fé), liberdade (na perspectiva da esperança) e comunhão (na perspectiva da caridade).

Vemos, pois, que a comunidade cristã necessita descobrir novas fontes de espiritualidade. Uma pista de solução para este problema poderia ser encontrada mediante uma nova maneira de se fazer teologia. Uma teologia que seja causa e efeito da vida espiritual.

A teologia moderna apoia-se no tripé Revelação/Tradição/ Sinais dos Tempos. A leitura teológica dos tempos não é novidade. Os profetas do Antigo Testamento já a faziam. A novidade é que agora recuperamos este velho costume, embora carentes ainda de todos os instrumentos necessários. Temos que polir bem as lentes para entender o que se passa no mundo de hoje, senão continuaremos a considerar os acontecimentos como meros fenômenos naturais ou históricos, sem apreender sua importância na economia da salvação.

Todo período histórico tem sua própria estrutura. Devemos procurar compreender como funciona o mecanismo desta estrutura, dentro da qual a Palavra de Deus deve soar eficazmente. Para saber até que ponto ela é justa ou não, se está a serviço de todos ou apenas de uma classe, é imprescindível que a comunidade cristã seja capaz de avaliar, por exemplo, a importância da economia como sendo, em última instância, a determinante da vida atual dos povos e das relações internacionais.

No capítulo 21 de Lucas, temos uma aula magistral de Jesus de como ler os sinais dos tempos. Ele indica o sinal – Jerusalém sitiada por exércitos – e sua consequência: sua ruína está próxima. Prescreve a ação conforme diferentes situações: os que se acharem na Judeia fujam para os montes; os que estiverem dentro da cidade, retirem-se; os que estiverem nos campos, não entrem na cidade. Revela o sentido do acontecimento: esses serão dias de castigo para que se cumpra tudo que está escrito.

Muitas vezes temos dificuldade de encarar profeticamente os acontecimentos atuais e deixamos de alimentar a nossa vida espiritual com os sinais dos tempos. Ficamos perplexos e embaraçados diante de novas tendências políticas de diversos países, das guerras entre nações ou das lutas de libertação dos oprimidos. Sim, queremos a paz como fruto da justiça, mas qual deve ser a atuação dos cristãos engajados nessas situações reais? Quanto menos a Igreja souber responder a esta questão, mais difícil será para ela desvelar o profundo significado que esses fatos têm dentro do projeto de salvação divina.

A esperança cristã é suficientemente realista para não admitir a falsa ideia de que a história se faz sem partos dolorosos. Quem pensa assim são os que se negam a modificá-la, porque se beneficiam da situação vigente, e os pessimistas e derrotistas, que consideram os conflitos sociais sinal de retrocesso. Ora, o que Jesus nos afirmou é justamente o contrário. Ensinou que as situações conflitivas são prenúncio de libertação: "Quando ouvirdes falar de guerras e revoluções, não vos assusteis, porque é necessário que isso aconteça primeiro, mas não virá logo o fim. [...] Quando começarem a acontecer estas coisas, reanimai-vos e levantai as vossas cabeças, porque se aproxima a vossa redenção" (Lc 21,9.28).

Vida espiritual como práxis

A práxis é a atividade real, objetiva, material do homem, pela qual ele se humaniza humanizando o mundo. É na linha de uma práxis evangélica, pastoralmente programada, que estaria a relação entre teologia e espiritualidade.

A dicotomia entre teologia e espiritualidade nos coloca a questão "em que cremos ainda?", se a nossa crença tem por objeto um corpo de doutrina que sofre as mais severas críticas. Esse tipo de crença não deve existir entre nós, o que supõe, também, a eliminação daquela dicotomia. O objeto da fé de um cristão é uma pessoa – Jesus Cristo – e a relação que se estabelece entre eles é uma relação de amor.

Quem entra em crise de fé porque certos pressupostos de teologia estão sendo revistos, certamente não possui Cristo em sua vida, não apenas como aquele em quem se crê, mas sobretudo como aquele a quem se ama. A teologia deve ter a caridade como raiz e fruto. Assim ela formará um único tronco com a espiritualidade.

Quando observamos a relação de Jesus com os apóstolos ficamos admirados por Ele nunca ter tido a iniciativa de infundir-lhes um corpo de doutrina. Não imitou a academia grega nem a sinagoga judia. Não formou discípulos à maneira de Sócrates ou Aristóteles. Em nenhum momento os evangelhos mostram a imagem de um Jesus acadêmico preocupado em ensinar aos discípulos princípios e teorias nas quais deveriam crer. O objeto de fé é o próprio Jesus, que estabelece com as pessoas uma relação interpessoal dentro da história.

Jesus amava gratuitamente. Na convivência com os apóstolos revelou-lhes o significado evangélico dos acontecimentos mais simples da vida. Sua autoridade era serviço. Não tinha pressa, ansiedade ou preocupação que soubessem tudo e jamais vacilassem. Pedro vacilou, Tomé também e Mateus nos diz que mesmo vendo-o ressuscitado "alguns hesitavam ainda" (28,17). Todos, porém, o amavam.

A questão deve ser colocada não em termos de "em que cremos ainda?", mas sim "a quem amamos?" "Onde estiver o teu tesouro, ali estará também o teu coração" (Mt 6,21). Quem ama mais a si mesmo é porque ainda não crê suficientemente em Jesus de Nazaré. Não faltam fiéis que confessam acreditar em tudo que a Igreja ensina, embora demonstrem maior amor à sabedoria do mundo, ao bem-estar da sociedade opulenta, ao dinheiro, à segurança e ao poder. A pessoa revela quem é quando revela o que ama.

Para a Bíblia conhecer é amar. Ninguém conhece a Deus senão quando o ama. Conhecer sem amar talvez seja possível onde teologia e espiritualidade são esferas inteiramente diferentes ou paralelas.

Para superar esta defasagem temos muito a aprender com a Igreja oriental. Sua teologia é sabedoria antes de aparecer como saber racional. Nasce de profunda vida espiritual e é absorvida como alimento desta.

Uma espiritualidade teologicamente consistente deve resultar em uma práxis evangelicamente eficaz. A revelação de Deus no Antigo Testamento é a de um desígnio cujas etapas são realizadas através da práxis histórica do povo de Israel. A Palavra divina era fundamento desta práxis histórica na qual o povo tinha consciência da Promessa de Deus. Ação e Palavra se interpenetravam.

O autor do livro sagrado lê o desígnio de Deus no desenrolar do processo histórico. A presença de Deus e sua diretriz são reconhecidas no resultado da atividade do povo hebreu. O autor não tece teoria sobre a práxis, ele a constata, relata e revela a ação divina subjacente.

Os evangelhos são também registros de uma práxis. Jesus manifestou mais interesse em ensinar uma norma de vida do que uma verdade de fé. Suas palavras foram destinadas a suscitar uma nova maneira de agir. Ele era implacável com os fariseus que não agiam conforme os seus próprios ensinamentos.

O testemunho de Jesus exige tomada de consciência e opção, ruptura e engajamento. Ninguém pode permanecer indiferente ao Verbo de Deus. Por nossa decisão provocamos uma ação que quebra resistências, transforma, restaura, constrói e santifica. Essa ação se desenrola no devir escatológico.

É um erro, infelizmente muito comum ainda, confundir o cristianismo com uma espécie de sentimento religioso natural ou com uma ética social conservadora e burguesa. O cristianismo não é uma doutrina nem uma teoria religiosa. Não é também um discurso sobre Deus (teo-logia). É o exercício consciente da caridade, é ação à luz da revelação. Por isso, quem se converte deve modificar sua maneira de agir, assumir nova práxis diante dos semelhantes, da história e de Deus.

Os que despertam para a importância da práxis evangélica verificam que ser cristão não é possuir um conjunto de hábitos religiosos ou um espírito apaziguado por verdades da fé. É desenvolver uma atividade prática na qual se traduz a nossa fé e se efetiva o nosso amor ao próximo. O que aprofunda e celebra essa atividade é a oração, tanto pessoal quanto comunitária e litúrgica.

Uma fé a-histórica é indiferente à realidade da história, o meio pelo qual Deus se revela e entra em comunhão conosco. É tarefa dos cristãos assumir uma práxis transformadora e redentora do mundo. Toda ação requer um ponto de partida e um ponto de chegada. Segundo a consciência que temos do devir histórico, devemos estabelecer os objetivos de nosso projeto pastoral, as etapas e os meios para alcançá-los.

A vida cristã não admite separação entre a esfera subjetiva e o contexto objetivo. É em nível da ação prática que se provam as intenções. Esta ação não deve ser espontânea, subjetiva e apenas "espiritual". Deve ser consciente, crítica, objetiva e também "material", enquanto capaz de modificar o presente em vista do futuro onde será concretizada a esperança que nos anima.

Aquilo que chamamos "céu" não é uma realidade oposta à terra. É, sim, uma realidade totalmente nova, caracterizada pela plena manifestação da liberdade gloriosa, dos filhos de Deus (Rm 8,21). As realidades escatológicas, que devem transparecer no nosso testemunho, começam aqui e crescem até a eternidade. O Reino de Deus já está presente entre nós.

A história estará tanto mais próxima do Reino quanto mais a humanidade for livre. O Deus de Jesus Cristo é o Deus que manifesta o amor a seu povo libertando-o da opressão do Egito. Com efeito, servir a Deus é realizar a justiça. É libertar as pessoas de todas as consequências do pecado: fome, ignorância, trabalho alienado, dor e morte. Pela ressurreição, Cristo se tornou senhor da vida. Qualquer obstáculo à sua livre expansão é incompatível com o desígnio de Deus.

Não é buscando a sua salvação individual que alguém se salva. O dom de salvação é essencialmente comunitário e dialético. Só se salva quem arrisca a sua vida pelo próximo, disposto a perdê-la; quem ama a sua vida e procura conservá-la, se perde (Mt 16,25).

A aceitação dos riscos advindos do engajamento cristão talvez seja a forma apropriada de ascese para o nosso tempo. Ascese que conduza à pobreza na medida em que leva o cristão a romper com os interesses das classes dominantes e se colocar a serviço dos pobres e oprimidos. Se alguém questiona a autenticidade de nossa missão, só um sinal pode prová-la: "os cegos veem, os coxos andam, os leprosos ficam curados, os surdos ouvem, os mortos ressuscitam e a boa-nova é anunciada aos pobres". Feliz daquele que não se escandalizar com a solidariedade aos condenados da Terra que Jesus exige de seus discípulos (Lc 7,22-23).

Hoje, a "negação do mundo", no sentido joânico, não implica na fuga para o deserto. Como peregrino no mundo, que passa por todas as coisas e para quem todas as coisas passam, o cristão assume-o para transformá-lo e redimi-lo. Ele nega tudo aquilo que torna as pessoas menos livres e solidárias, e mais afastadas de Deus.

A espiritualidade que anima o cristão no país onde o principal problema é a opressão em que vive a grande maioria do povo deve levá-lo a uma pobreza efetiva. Ser pobre não é apenas despojar-se do supérfluo e abrir o coração à presença de Jesus no operário, no camponês, no desempregado, no menor abandonado, no prisioneiro, no doente, no que constrói a paz na luta pela justiça. Ser pobre é viver em comunhão com os pobres, participando de suas tristezas e angústias, alegrias e esperanças. É aqui, entre eles, que a Igreja deve ter o seu habitat, de tal modo que não seja mais possível falar em "ir aos pobres", como quem vive no mundo dos ricos. Por outro lado, as perseguições nunca devem ser encaradas como um estorvo imprevisto, mas sim como autênticas bem-aventuranças evangélicas.

A espiritualidade cristã deve estar consciente do estado atual do mundo e preocupada antes de tudo com o seu destino. A Igreja é sacramento de Deus no mundo e os cristãos são chamados a ser luz e fermento de toda a humanidade. Alguém sugeriu que em mosteiros monges leiam os jornais do dia. É uma boa imagem para o tipo de espiritualidade que, em qualquer circunstância, assume os acontecimentos que tecem a história, onde se realiza o diálogo entre Deus e o ser humano. É libertando o mundo do pecado e suas consequências, e fazendo avançar a história que o fiel se situa na perspectiva do Reino, cuja manifestação tornará realidade as palavras do Senhor:

> *Habitarei no meio deles e caminharei entre eles;*
> *Serei o seu Deus,*
> *E eles serão o meu povo.*
> *Serei o Deus-com-eles.*

Enxugarei toda a lágrima de seus olhos,
E já não haverá morte,
Nem luto,
Nem grito,
Nem dor.
Porque as primeiras coisas
Terão passado (Lv 26,12; Ap 21,3-4).

Espiritualidade em tempos de crise

"Nada há de novo debaixo do sol", sublinha Coélet, autor do *Eclesiastes*. De fato, tudo que nos causa preocupação e indignação – corrupção, violência, desrespeitos aos direitos humanos etc. – sempre ocorreu. A diferença é que vivíamos isolados em nossa aldeia. Não existiam, como hoje, meios de comunicação que globalizassem a informação.

Aluno de jornalismo, aprendi que o cão atropelado na rua do meu bairro me interessa mais que dois mil chineses mortos no terremoto em Xangai. Por isso, o que ocorre em nosso entorno tanto nos afeta. E, por consequência, a nossa vida espiritual. Ficamos mais irritadiços, agressivos, pessimistas. Deixamos a emoção se sobrepor à razão.

Todos temos espiritualidade, ainda que desprovidos de fé religiosa. Não se deve confundir espiritualidade e religião. Esta é uma instituição; aquela, uma vivência. Há práticas religiosas que não são fontes de espiritualidade, como há espiritualidades que não são religiões, como o budismo.

A espiritualidade é a força interior, cultivada na oração ou na meditação, que nos mantém vivos. É alimentada também pelo amor que nos une à família, a autoestima profissional, os valores que regem nossas atitudes e esperanças (sonhos, projetos etc.) e movem os nossos passos em direção ao futuro.

Em tempos de crise, todos os nossos paradigmas parecem ruir. O desemprego ameaça, a política decepciona, o horizonte utópico se apaga, os valores perdem credibilidade. É como turbulência de avião: não temos o controle de quando cessará, e em qualquer direção que se olha há um imenso vazio...

O povo da Bíblia conheceu situações semelhantes à nossa. E escreveu dois livros que bem expressam a espiritualidade em tempos de crise: *Eclesiastes* e *Jó*.

No primeiro, o autor nos convida a não dar importância a coisa alguma. "Vaidade das vaidades, tudo é vaidade." Tudo é transitório. "Travessia", assinalou Guimarães Rosa como último vocábulo de *Grande sertão, veredas*. Assim, quem mais se desapega, menos sofre. Lição ensinada por Buda cinco séculos antes de Cristo.

Jó foi vítima de uma crise profunda, que lhe tirou filhos, amigos, bens e saúde. Menos a esperança. Não lhe restou senão a confiança em Deus. Enxergava o avesso do bordado e acreditava que as linhas assimétricas formavam um belo desenho oculto a seus olhos. Até que começou a encarar os fatos por outro prisma. Deus, que ele conhecia apenas de "ouvir falar", se tornou presença amorosa em sua vida.

A crise não é um acidente de percurso. É a essência do percurso. São as "dores de parto" da criação, na opinião do apóstolo Paulo. Frente à crise, a espiritualidade nos dá sustento e alento, sobretudo quando a encaramos pela ótica histórica, como ensinou Jesus aos discípulos de Emaús.

Espiritualidade muçulmana

Os excessos de segmentos do islamismo não devem ser confundidos com a religião que professam, assim como as Cruzadas e a Inquisição não expressam a essência do cristianismo, muito pelo contrário.

Islã significa "submissão" a Deus (Alá). Abraão foi o primeiro submisso (*muslim* = muçulmano) e depois teve como seguidores de sua espiritualidade (islã) José, os profetas do Antigo Testamento e Jesus.

Esse monoteísmo abraâmico teria sido deturpado por hebreus e cristãos. Porém, no século VII, o profeta Maomé o restituiu à sua pureza original após ter recebido de Alá, por via do anjo Gabriel, o Alcorão (que significa "livro por excelência").

Trata-se de um belo poema, todo em dialeto árabe, harmônico em suas rimas e assonâncias, cujas traduções não expressam sua musicalidade. Ao contrário da Bíblia, que judeus e cristãos consideram inspirada por Deus, o Alcorão teria sido ditado. Equivale, para os muçulmanos, o mesmo que o Evangelho para os cristãos.

Os discípulos de Maomé se dividem, basicamente, entre sunitas, a maioria, que se consideram fiéis ao fundador do islamismo, e xiitas, seguidores de Ali, pois consideram este primo e genro do Profeta o que melhor vivenciou o que o sogro vislumbrou. Ao contrário do que se pensa, hoje os que abraçam o fundamentalismo na política são predominantemente sunitas, e não xiitas.

A religião muçulmana atrai tantos fiéis graças à sua simplicidade. Dispensa hierarquias, não incute culpa e exige obediência inquestionável a seus preceitos. Sua espiritualidade se apoia em cinco pilares: crer que não há outro Deus senão o que enviou Maomé; orar cinco vezes ao dia; dar esmolas; jejuar no mês do Ramadã (o nono mês do calendário islâmico); e fazer peregrinação a Meca.

Os muçulmanos têm fé em Deus, nos Profetas, nas Sagradas Escrituras (incluindo o Evangelho), na predestinação (não no fatalismo), na ressurreição e no Juízo Final.

A Jihad, que literalmente significa "empenho no caminho de Deus" e não guerra santa, implica defender a religião e os territórios muçulmanos. Os terroristas, contudo, a alardeiam para justificar sua interpretação fundamentalista, embora o adjetivo "muslim" (= muçulmano) signifique também "pacífico".

A espiritualidade islâmica é rica em tradições místicas, como os sufistas. "O sufi é um bêbado sem vinho; um saciado sem comida; um tresloucado sem alimento e sono; um rei em manto humilde; um tesouro dentro de ruína; não é feito de ar, terra ou fogo; é um mar sem limites" (Rumî [1207-1273]). Os poemas de Rumî são de profunda densidade espiritual, o que faz pensar que talvez tenham sido lidos por místicos cristãos como Mestre Eckhart e João da Cruz.

Fomentar o preconceito aos muçulmanos é ceder ao jogo maniqueísta do terrorismo e rechaçar uma tradição rica em sabedoria e espiritualidade. Há que separar o joio do trigo. E convém recordar que foi o Ocidente "cristão" que exterminou os indígenas da América Latina, promoveu a escravidão, expandiu o colonialismo, desencadeou duas Grandes Guerras e, hoje, idolatra o capital acima dos direitos humanos.

Dez conselhos para viver
a religião no século XXI

1) Religue-se. Evite o solipsismo, o individualismo, a solidão nefasta. Religue-se ao mais profundo de si mesmo, lá onde se cultivam os bens infinitos; à natureza, da qual somos todos expressão e consciência; ao próximo, de quem inevitavelmente dependemos; a Deus, que nos ama incondicionalmente. Isto é religião, re-ligar.

2) Tenha presente que as religiões surgiram na história da humanidade há cerca de oito mil anos. A espiritualidade, porém, é tão antiga quanto a própria humanidade. Ela é o fundamento de toda religião, assim como o amor em relação à família. Busque na sua religião aprimorar a sua espiritualidade. Desconfie de religião que não cultiva a espiritualidade e prioriza dogmas, preceitos, mandamentos, hierarquias e leis.

3) Verifique se a sua religião está centrada no dom maior de Deus: a vida. Religião centrada na autoridade, na doutrina, na ideia de pecado, na predestinação, é ópio do povo. "Vim para que todos tenham vida e vida em abundância", disse Jesus (Jo 10,10). Portanto, a religião não pode manter-se indiferente a tudo isto que impede ou ameaça a vida: opressão, exclusão, submissão, discriminação, desqualificação de quem não abraça o mesmo credo.

4) Engaje-se numa comunidade religiosa comprometida com o aprimoramento da espiritualidade. Religião é comunhão. E imprima à sua comunidade caráter social: combate à miséria; solidariedade aos pobres e injustiçados; defesa intransigente da vida; denúncia das estruturas de morte; anúncio de um "outro mundo possível", mais justo e livre, onde todos possam viver com dignidade e felicidade.

5) Interiorize sua experiência religiosa. Transforme o seu crer no seu fazer. Reduza a contradição entre a sua oração e a sua ação. Faça pelos outros o que gostaria que fizessem por você. Ame assim como Deus nos ama: incondicionalmente.

6) Ore. Religião sem oração é cardápio sem alimento. Reserve um momento de seu dia para encontrar-se com Deus no mais íntimo de si mesmo. Medite. Deixe o Espírito divino lapidar o seu espírito, desatar os seus nós interiores, dilatar sua capacidade amorosa.

7) Seja tolerante com as outras religiões, assim como gostaria que fossem com a sua. Livre-se de qualquer tendência fundamentalista de quem se julga dono da verdade e melhor intérprete da vontade de Deus. Procure dialogar com aqueles que manifestam crenças diferentes da sua. Quem ama não é intolerante.

8) Lembre-se: Deus não tem religião. Nós é que, ao institucionalizar diferentes experiências espirituais, criamos as religiões. Todas elas estão inseridas neste mundo em que vivemos e mantêm com Ele uma intrínseca inter-relação. Toda religião desempenha, na sociedade em que se insere, um papel político, seja legitimando injustiças, ao se manter indiferente a elas, seja ao denunciá-las profeticamente em nome do princípio de que somos todos filhos e filhas de Deus. Portanto, temos o dever de fazer da humanidade uma família.

9) A árvore se conhece pelos frutos. Avalie se a sua religião é amorosa ou excludente, semeadora de bênçãos ou arauto do inferno, serva do projeto de Deus na história humana ou do poder do dinheiro.

10) Deus é amor. Religião que não conduz ao amor não é coisa de Deus. Mais importante que ter fé, abraçar uma religião, frequentar templos, é amar. "Ainda que eu tivesse fé capaz de transportar montanhas, se não tivesse o amor isso de nada me serviria", disse o apóstolo Paulo (1Cor 13,2). Mais vale um ateu

que ama que um crente que odeia, discrimina e oprime. O amor é a raiz e o fruto de toda verdadeira religião; e a experiência de Deus, de toda autêntica fé.

Teologia e política

Há tempos não se fala em teologia, pelo menos na América Latina. Fala-se em espiritualismo, movimentos carismáticos, esoterismo. A literatura religiosa se parece cada vez mais com os livros de autoajuda e cada vez menos com uma reflexão profunda e atualizada que contextualize as verdades de fé.

Teria a teologia católica sofrido depuração vaticana e mandado para o ralo da história todas as vertentes que não soavam bem aos ouvidos dos arautos da ortodoxia? Nos seminários, as aulas de violão estariam superando as de teologia?

A Ilustração não logrou reduzir a religião à esfera privada, nem conseguiu secularizar radicalmente a política. Isso significa que cai por terra a pretensão de se ter uma religião desprovida de raízes e de incidências políticas. Dizer que religião nada tem a ver com a política é, paradoxalmente, legitimar a política vigente que compõe o quadro no qual se pratica a religião.

Ao destituir a religião de seu pedestal de "verdade perene e universal", demonstrando que, de fato, ela denuncia concepções ideológicas e interesses de classe, uma pergunta fica no ar: haveria um interesse tão universal que possa ser sinônimo de verdade? Sim, responde a teologia. É aquele apontado pela Bíblia: a fome e a sede de justiça para todos.

Nesse sentido, encontrar a verdade é abraçar a justiça.

Ao afirmar o homem como sujeito de sua própria história, a Modernidade ensina à teologia que não há duas histórias, uma sagrada e outra profana. Há uma só história real – movida por interesses econômicos e políticos – que importa à salvação e, portanto, à teologia e à religião. E a universalidade desta história só se confirma se ela não exclui de seu curso os vencidos e fracassados. A libertação dos oprimidos é a condição de humanização dos opressores.

Ora, essa tentação de uma teologia abstrata, que se resume em uma explicitação racional do conteúdo da fé seguindo a ótica canônica, ruiu por terra com toda a desgraça que, no século XX, se abateu sobre o Ocidente "cristão": Auschwitz, arsenal nuclear, fome, Aids, ditaduras, massacres etc.

Esse trágico cenário obrigou a teologia a descer dos altares. De repente, os olhos postos nos anjos de Boticelli tiveram que fixar-se no desespero das figuras humanas de Picasso em *Guernica*. O órgão de Bach tornou-se inaudível sob os gritos de dor dos que se assemelhavam, pelo peso da opressão, ao Crucificado. Dessa matriz nasceu a Teologia da Libertação.

Ainda que se pretenda "a morte da Teologia da Libertação", como forma de fechar o espírito ao clamor dos que sofrem, não se pode cortar seus cordões umbilicais com a Bíblia.

A Bíblia é o testemunho dos vencidos e a carta de fiança de Deus. Ela nos obriga a nos perguntar sobre o significado da vida e o sentido da história a partir de um lugar social específico: o das vítimas da injustiça.

Nisto a tradição bíblica é transparente: não se trata de querer apenas libertar o oprimido, mas também resgatar a memória dos vencidos. O livro de Deus vira ao contrário as páginas da história humana. O sofrimento das vítimas tem direito a uma resposta. Negar esse direito é compactuar com as atrocidades que ceifaram suas vidas.

Este é o sacrifício vivo de Jesus, na missa que se prolonga na história humana. Disso a teologia não pode fugir, sob pena de incorrer em idolatria, como a de quem, ao oferecer suas primícias ao altar, dá as costas ao irmão (Mt 7,21; Tg 2,14-17).

A religião que se pretenda alheia ao sofrimento humano, e ao que ele encerra de clamor de justiça não se identifica com a matriz bíblica. Corre o risco de cair na evasão, na autoajuda, no narcisismo espiritual, na magia, ainda que revestida de uma roupagem ortodoxa. E não há clamor de justiça sem eco nas estruturas políticas e no poder econômico.

Responder ao sofrimento das injustiças é falar de Deus. Não de qualquer Deus, como do deus que se calou diante do genocídio indígena ou do holocausto judaico. Mas do Deus que se debruça, qual mãe, diante do sofrimento de seus filhos.

Relação fé e política

Para que servem as Igrejas? Para alguns, meio de extorquir os fiéis e ainda usufruir do privilégio de não pagar impostos. Para outros, modo de dispor de poder revestido de suposta auréola de santidade que tem, como fiador, o próprio Deus.

E há quem acredite que da cabeça de Jesus surgiu a Igreja tal qual a conhecemos hoje.

Igreja deriva do grego "assembleia". É a comunidade dos que aderem à proposta de Jesus e acreditam que ela expressa a vontade de Deus.

Embora na atualidade as Igrejas se caracterizem por administrar sacramentos, promover cultos ou missas, e realizar supostas curas, assegurando aos fiéis a salvação, não é isso que transparece na prática de Jesus descrita nos evangelhos.

O que vemos ali não é uma instituição, e sim um movimento que, dentro do reino de César, preconizava o projeto do Reino de Deus. O de Deus não seria como o de César, onde os pobres eram explorados e pagavam pesados impostos; os doentes, estigmatizados como pecadores e impuros; as mulheres, subjugadas; e a riqueza tida como bênção divina.

O projeto de Deus se resume a uma única moeda com duas faces: no social, partilha dos bens; no pessoal, amor incondicional. É o que retratam os evangelistas.

Como exemplificam os *Atos dos Apóstolos* e as cartas de Paulo, ser cristão é se empenhar para que todos tenham acesso aos bens necessários a uma vida digna ("entre eles não havia necessitados") e ser capaz de ver no outro, ainda que ele seja seu inimigo, a face de Deus ("amai os vossos inimigos").

Em um mundo tão desigual como o de hoje, não há possibilidade de semear as bases do Reino de Deus sem fomentar uma política que erradique as disparidades sociais e impeça toda exclusão, inclusive a que deriva de preconceitos e atitudes discriminatórias. Se a justiça é o alicerce da equidade social, o amor é a condição da liberdade na diversidade.

A sociedade da partilha ("todos terem vida e vida em abundância") só virá como fruto da política fundada na justiça. E a atitude amorosa ("amai o próximo como a si mesmo") é própria de quem livra o coração dos fardos do egoísmo e da ambição, e acredita que, para Deus, o ser supremo é o ser humano.

Em síntese, a fé cristã sinaliza o horizonte utópico da política. E a política é, por excelência, a ferramenta de implantação da proposta de Jesus.

É preciso, porém, não confundir a fé com o fundamentalismo que sacraliza lideranças religiosas. Autoritárias, elas demonizam outras convicções religiosas, promovem a violência de culpabilizar a consciência individual na direção da servidão voluntária e incentivam cruzadas, inquisições e guerras "santas".

A política feita em nome de Deus tem por objetivo, em geral, formar currais eleitorais para empoderar oportunistas que apregoam que Jesus é o Caminho, enquanto eles embolsam o pedágio...

O critério para saber se a política se rege pela ética evangélica é simples: ela busca, em primeiro lugar, os direitos dos pobres.

Forma mais perfeita de caridade

Na dimensão evangélica, a política é compatível com a mística. As exigências fundamentais coincidem: descentralização de si nos outros; fidelidade à vontade alheia; e humildade no compromisso com a verdade.

Inúmeros militantes políticos, sobretudo quando ainda não chegaram ao poder, viveram essa mística, a ponto de aceitarem, na tortura, antes morrer do que trair a causa abraçada.

As adversidades de uma prática política oposta à situação dominante são, por vezes, comparáveis à disciplina ascética necessária à dilatação mística: privações físicas; anonimato na clandestinidade; fé no processo histórico; esperança de vitória; dom de si a cada momento de risco etc.

Ainda que não haja uma consciência teológica dessa experiência, é inegável que toda prática de amor, na qual o bem dos outros se coloca acima do próprio bem, é a realização plena do mistério de Deus na vida humana. Registra a revelação divina que "aquele que permanece no amor, permanece em Deus e Deus permanece nele" (1Jo 4,16).

Para o cristão, essa dimensão mística deve ser apreendida como experiência teologal. No amor aos outros, ele vive o amor do Pai. Paulo VI dizia que "a política é a forma mais perfeita de caridade". Porque diz respeito a todos e a quase tudo, do preço do pão às disciplinas que se ensinam nas escolas, do uso pornográfico da mulher na publicidade ao sistema social de saúde, tudo depende do projeto político vigente.

Ora, sem repetir erros passados – como formar partidos confessionais ou crer que, por ser cristão, alguém é melhor político –, deve-se buscar a síntese entre a política, como exercício de transformação libertadora da sociedade, e a mística, como conversão permanente ao Amor. Aceitar que a mística nada tem a ver com a política seria desencarnar Jesus da história e afirmar que as coisas de Deus não servem para este mundo que Ele criou. O que de mais íntimo Deus pode nos dar – a união espiritual com Ele já nesta vida – estaria reservado àqueles que fazem o movimento contrário ao de Jesus: saem da conflitividade histórica para "melhor" viver a sua fé.

A proposta evangélica vai em outra direção: a comunhão com o Pai manifesta-se na união com o povo liberto dos sinais de morte (Ap 21,34). Na oração que o Senhor ensina há uma relação dialética entre o mergulho na fé e a promoção da justiça: ao Pai Nosso pedimos o Pão Nosso. E, nos evangelhos, das bodas de Caná aos discípulos de Emaús, é na partilha do pão – símbolo dos bens necessários à vida – que se manifesta a bondade do Pai.

Nesse sentido, não haverá completa justiça enquanto não se viver a liberdade como mística, ou seja, na dimensão de que uma pessoa é tanto mais livre quanto mais descentrada de si mesma e centrada no Outro e nos outros.

Do mesmo modo, nesse mundo e nessa cultura de proporções globais, em que o pobre é inumerável coletividade, o amor não pode ser mais pensado e vivido somente em termos de relação interpessoal. Ele se torna também exigência política, de entrega da vida ao resgate da fraternidade entre os seres humanos. Isso não significa racionalizar o amor, a ponto de, a pretexto do coletivo, ignorar o pessoal. A raiz e o fruto de toda transformação social que se queira completa serão sempre únicos: o coração humano, aí onde a divinização da pessoa transborda para a divinização da história. E uma pessoa divinizada é aquela que é plenamente humana, ou seja, amorosa.

Espiritualidade e política

Para justificar decepções e encobrir omissões, criamos estereótipos. Na atual conjuntura, a demonização da política e dos políticos. Tal maniqueísmo favorece exatamente o que se critica, a má política.

Distanciar-se da política é se refugiar em suposta redoma de vidro enquanto grassa o dilúvio. Muito pouca coisa é insubstituível na história humana. Uma delas é a política. Ainda não se inventou outra forma de nos organizar como coletividade. A política permeia todos os espaços pessoais e sociais, da qualidade do pão do café da manhã ao acesso à saúde e à educação.

Se a política é "a forma mais perfeita de caridade", como endossa papa Francisco, por ser capaz de erradicar a fome e a miséria, as estruturas políticas são passíveis de severa crítica quando favorecem a desigualdade e a corrupção.

A política não é intrinsecamente nefasta. Nefasto é o modelo político que sabota a democracia, privilegia a minoria rica, e nada faz de eficaz para promover a inclusão social. Ao contrário, permite ampliar a exclusão e reforça os mecanismos, inclusive repressores, que impedem os excluídos de avançarem da margem para o centro.

Todos os grandes mestres espirituais foram políticos. Buda se indignou ao transpor as muralhas de seu palácio e se deparar com o sofrimento dos súditos. Jesus, na versão de sua mãe, Maria, veio para "derrubar os poderosos de seus tronos e exaltar os humildes, despedir os ricos com mãos vazias e saciar de bens os famintos" (Lc 1,52-53). Pagou com a vida a ousadia de anunciar, dentro do reino de César, outro projeto civilizatório denominado Reino de Deus.

A política é uma exigência espiritual. Santo Tomás de Aquino preconizou não poder esperar virtudes de quem carece de condições dignas de vida. A política diz respeito ao outro, ao próximo, ao bem--estar da coletividade. Repudiá-la é entregá-la às mãos daqueles que a transformam em arma para defender apenas os próprios interesses.

A política perpassa os aspectos mais íntimos de nossas vidas, como dispor ou não de um teto sob o qual se abrigar das intempéries. Nem todos, porém, participam do mesmo modo. Há múltiplas maneiras de fazer política, seja por participação, seja por omissão.

O modo mais universal é o voto, uma falácia quando o povo vota e o poder econômico elege. Um embuste quando a democracia é como Saci-Pererê: os eleitores decidem quem administrará o país, mas não como os recursos da nação serão utilizados.

Se não há democracia econômica, se a desigualdade se agrava, a democracia política é uma farsa. De que adianta a Constituição, uma carta política, proclamar que todos têm direito a uma vida digna se a estrutura socioeconômica impede a maioria de desfrutar de fato deste direito?

No reino de César, Jesus rogou ao Pai: "Venha a nós o vosso reino", ou seja, o projeto civilizatório no qual todos "tenham vida e vida em abundância" (Jo 10,10). Esta é a espiritualidade que move quem se empenha em fazer da política ferramenta de libertação, não de opressão e exclusão.

Mística

Predomina entre os cristãos a ideia de que mística nada tem a ver com política. Seriam como dois elementos químicos que se repelem. Basta observar como vivem uns e outros: os místicos, trancados em suas estufas contemplativas, alheios ao índice da inflação, absorvidos em seus exercícios ascéticos, indiferentes às discussões políticas que se travam em volta deles. Os políticos, consumidos por infindáveis reuniões, correndo contra o relógio da história, mergulhados no redemoinho de contatos, análises e decisões que saturam o tempo e não abrem espaço sequer ao convívio familiar, quanto mais à meditação e à oração!

É verdade: certa concepção da mística é incompatível com certo modo de fazer política. A vida religiosa está imbuída deste conceito de que contemplativo é quem dá as costas ao mundo para postar-se diante de Deus. Todavia, não é bem no Evangelho que se encontram as raízes desse modo de testemunhar o absoluto de Deus, mas sim em antigas religiões pré-cristãs – como o masdeísmo – e nas escolas filosóficas gregas e romanas, que proclamavam a dualidade entre alma e corpo, natural e sobrenatural, sagrado e profano.

O monaquismo, que nasce no século IV como afirmação da fidelidade evangélica perante o desfibramento da emergente Igreja constantiniana (leiam-se as cartas de São Jerônimo), não teve alternativa histórica senão se nutrir na ideologia em voga: o platonismo. A ideia de uma natureza humana conflitivamente dividida entre carne e espírito representou, para a espiritualidade cristã, o que a cosmologia de Ptolomeu significou antes das teorias científicas de Copérnico e Galileu – quem se dedica às coisas do mundo, à *polis*, arrisca-se à perdição. A santidade era concebida como negação da matéria, mortificação (morte) da carne, renúncia da vontade própria, fruição de êxtase espiritual. Nessa ótica atomística de se compreender a relação da pessoa com a divindade, havia acentuada dose de solipsismo: o cuidado do aprimoramento espiritual do *eu* sobrepunha-se à exigência evangélica de *amor aos outros.*

Como nem mesmo a discussão em torno do sexo dos anjos deixa de ter reflexos políticos, tal concepção pagã da mística – que conduziu por desvios a espiritualidade cristã – serviu de matriz às utopias políticas da *República* de Platão, das *Cidades* de Santo Agostinho, das propostas de Thomas Morus e de Campanella. Na Igreja, o equívoco alcança o ponto alto na Idade Média, confinado entre as fronteiras políticas do poder eclesiástico e na ideia de que o Reino de Deus se estabelecera neste mundo.

É interessante constatar que os grandes místicos foram simultaneamente pessoas mergulhadas na efervescência política de sua época: Francisco de Assis questionou o capitalismo nascente (como bem o demonstra a magistral obra de Leonardo Boff, *São Francisco, ternura e vigor);* Tomás de Aquino defendeu, em *O regime dos príncipes,* o direito à insurreição contra a tirania; Catarina de Sena, analfabeta, interpelou o papado; Teresa de Ávila, "mulher inquieta, errante, desobediente e contumaz" – como a qualificou Dom Felipe Sega, núncio papal na Espanha, em 1578 – revolucionou, com São João da Cruz, a espiritualidade cristã.

A mística de Jesus

Por mais que as escolas espirituais do Ocidente antigo tenham a ensinar, bem como as obras dos místicos cristãos, é no Evangelho que se encontram os fundamentos da mística cristã. A vida de Jesus não buscou a reclusão dos monges essênios e nem se pautou pela prática penitencial de João Batista (Mt 9,14-15). Ela se engajou na conflitividade da Palestina de seu tempo, onde não havia distinção entre religião e política. O Filho revelou o Pai andando pelos caminhos; seguido por apóstolos, discípulos e mulheres; acolhendo pobres, famintos, doentes e pecadores; desmascarando escribas e fariseus; cercado por multidões; fazendo-se presença incômoda nas grandes festas em Jerusalém; perseguido e assassinado na cruz como prisioneiro político. Dentro dessa atividade pastoral, com fortes repercussões políticas, Jesus revelou-se místico, ou seja, como alguém que vivia apaixonadamente a intimidade amorosa com o Pai, a quem Ele tratava por *Abba* – termo aramaico que exprime muita familiaridade, como o nosso "Papai" (Mc 14,36). Seu encontro com o Pai não exigia o afastamento da *polis,* mas sim abertura de coração à vontade divina.

Fazer a vontade de Deus é a primeira disposição espiritual do místico. Essa vontade não se descobre pela correta moralidade ou pela aceitação racional das verdades de fé. Antes de ser uma conquista ética, a santidade é dom divino. Portanto, nas pegadas de Jesus, o místico centra sua vida na experiência teologal; sua conduta e sua crença derivam dessa relação de amor que mantém com Deus. Teresa de Ávila dirá isso com outras palavras: "A suprema perfeição não consiste, obviamente, em alegrias interiores, nem em grandes arroubos, visões ou espírito de profecia, mas sim em adequar nossa vontade à de Deus" (*Fundações*, 5, 10).

A oração é o hábito que nutre a mística. Mesmo Jesus reservava, entre sua atividade, momentos exclusivos de acolhimento do Pai em seu espírito. "Permanecia retirado em lugares desertos e orava" (Lc 5,16). "Ele foi à montanha para orar e passou a noite inteira em oração a Deus" (Lc 6,12). Para aprofundar a fé, a oração é tão importante quanto o alimento para nutrir o corpo ou o sono para recuperar energias. No entanto, mesmo na rotina intensa das grandes cidades os cristãos encontram tempo para comer e dormir – se o mesmo não ocorre com a oração não é apenas por culpa deles. No Ocidente, perderam-se os vínculos que nos ligavam às grandes tradições espirituais e somos herdeiros de um cristianismo racionalista, fundado no aprendizado de fórmulas ortodoxas, bem como pragmático, voltado à promoção de obras ou ao desempenho imediato de tarefas. A dimensão de gratuidade – essencial em qualquer relação de amor – fica relegada a momentos formais, rituais, de celebrações, sem dúvida importantes, mas insuficientes para fazer da disciplina da oração um hábito que permita penetrar os sucessivos estágios da experiência mística.

Ao contrário de certas escolas pagãs, a mística cristã não visa a oferecer uma técnica que leve o crente às núpcias espirituais com a divindade – embora isso possa ocorrer como dom misericordioso do Pai. Antes, visa a ensinar-nos a amar – assim como Deus ama – as pessoas com as quais convivemos, nossos parentes, a comunidade com a qual estamos comprometidos em nossa pastoral, o povo a que pertencemos e, especialmente, os pobres, imagens vivas de Cristo. "Ninguém jamais contemplou a Deus. Se nos amarmos uns aos outros, Deus permanece em nós e o seu Amor em nós é perfeito" (1Jo 4,12). O amor de Jesus a seu povo era proporcional à sua fidelidade ao Pai. Por isso, Ele aceitou o cálice: não reteve para si a sua vida, porque entendeu que o Pai a exigia por seu povo (Mc 14,36). Aqui a experiência mística encontra seu ponto de contato com a atividade política.

Mística e política

O exercício político como acúmulo pessoal de poder – mesmo na Igreja – é incompatível com a experiência mística. "Os reis das nações as dominam e os que as tiranizam são chamados Benfeitores. Quanto a vós não deverá ser assim; pelo contrário, o maior dentre vós torne-se como o mais jovem, e o que governa como aquele que serve" (Lc 22,25-26).

A política que não se baseia na participação popular tende a ser privilégio de um grupo, de uma casta ou de uma classe. Essa participação popular deve abranger as três esferas da vida social: politicamente, por mecanismos que permitam a todos participar das decisões; ideologicamente, pelo direito de crítica e pelo dever de autocrítica; economicamente, pelo igual direito de acesso aos bens necessários à vida.

Fora disso, ainda que com o título de democracia, o que há são estruturas idolátricas de poder, pois se impõem ao povo como forças onipotentes, oniscientes e onipresentes. Para o político que usufrui delas, a política é uma perversa maneira de pretender se comparar a Deus. É o Olimpo no qual o desejável se torna possível. Daí por que muitos políticos burgueses, cercados de incontáveis fortunas e ameaçados pela idade avançada, ainda insistem em suportar até mesmo reveses e humilhações na atividade política. É, para eles, uma espécie de divinização do próprio ego. Fora do poder ou da função política eles se veriam insuportavelmente reduzidos à própria identidade, obrigados a sofrer o abismo que, para o comum dos mortais, há entre o desejável e o possível. Por isso, não são raros os casos de políticos que, excluídos do poder, preferem a morte.

Novos desafios à Teologia da Libertação

Para os críticos da Teologia da Libertação, a queda do Muro de Berlim teria significado também uma pá de cal sobre essa vertente teológica surgida na América Latina na década de 1960. Entendem eles que, ao levar em conta a teoria marxiana em sua mediação socioanalítica e, em consequência, situar o socialismo no horizonte utópico da causa da libertação, esta teologia teria de tal modo se ideologizado que o fracasso do socialismo no Leste Europeu a teria deslegitimado como signo de esperança dos pobres e, portanto, como reflexão autorizada do mistério divino dentro dos marcos da doutrina católica.

Emoções à parte, convém ter em vista a natureza do discurso teológico. Ainda que eivado de premissas ideológicas – o que atesta a sua encarnação e, por conseguinte, o seu caráter evangelizador – o discurso teológico não se limita ao lugar e ao tempo que o produz, embora deles não possa prescindir. Porém, esse discurso transcende o contexto no qual é produzido devido à sua referência intrínseca à Bíblia (fonte derivada da revelação divina), à tradição cristã (fonte derivada do povo de Deus), ao magistério eclesiástico (fonte derivada dos marcos institucionais da comunidade de fé) e, vale acrescentar, à natureza, que o papa Francisco considera também fonte de revelação divina (*Laudato Si* 85). Por todos esses motivos citados, incide sobre o contexto com força profética.

Isso permite distinguir o que é doutrina e o que é premissa ideológica nos discursos dos papas, sem o risco de invalidá-los pelo fato de, ao longo da história, por vezes incorrerem em desrespeito aos direitos humanos, apologia da tortura, aprovação de empresas colonialistas e condenação do progresso, só para citar alguns exemplos. A crítica atual ao platonismo não torna menos vigorosa a teologia de Santo Agostinho, nem o fim das monarquias deslegitima a teologia de Santo Tomás de Aquino. Assim, vincular tão estreitamente a Teologia da Libertação com modelos stalinistas e estatocráticos de socialismo é, no mínimo, erigir a razão cínica à condição de pressuposto epistemológico.

O que caracteriza a Teologia da Libertação não é a sua análise crítica da sociedade capitalista ou o fato de ressaltar certas conquistas sociais de países socialistas como próximas de valores evangélicos, como é o caso de Cuba, onde os três direitos humanos fundamentais estão estruturalmente assegurados – alimentação, saúde e educação. É o seu método – de ser reflexão da fé *do* pobre e *a partir* do pobre, considerado sujeito histórico e referência evangélica por excelência – que a distingue de outros enfoques teológicos, sobretudo dos que tendem a reduzir as quatro fontes teológicas a duas – ao encarar a tradição estritamente pela linha sucessória do magistério eclesiástico.

Ora, a predominar tal confusão, seria difícil explicar aos fiéis católicos, por exemplo, a história da doutrina mariana, na qual a fé do povo de Deus precedeu o veredicto do magistério.

Pobre é um termo bíblico, que inclui todos aqueles que se encontram, de alguma forma, privados de acesso aos bens materiais e simbólicos imprescindíveis à dignidade humana, como direito pessoal e comunitário de busca da felicidade. Basta abrir o Evangelho para constatar como Jesus se colocou no lugar dos pobres, mas sem ceder ao pieguismo de uma solidariedade sacralizadora da pobreza; ao contrário, procurou trazê-los da periferia ao centro, da marginalização à conquista do direito, da enfermidade à cura, da fome ao pão, da tristeza à alegria, da culpa ao perdão, do pecado à graça, da morte à vida.

Ao considerar o pobre também como sujeito da produção teológica – pois é do agrado do Pai revelar aos pequenos o que é ocultado dos sábios e doutores (Mt 11,25-27) – a Teologia da Libertação não receia, na linha da prática de Jesus, enfatizar que a pobreza é um mal aos olhos de Deus, autor da vida; portanto, ela é o sinal evidente de que o desígnio primordial do Criador foi rompido pelo pecado humano. Em outras palavras, assim como Jesus deixou claro que o homem não era cego por vontade divina, como queriam os fariseus (Jo 9), a pobreza tem causas estruturais, o que significa, a rigor, que não há pobres (pois ninguém escolhe sê-lo, e os que são gostariam de viver em melhores condições), há pessoas *empobrecidas*, de quem as relações sociais de injustiça e opressão sequestraram direitos fundamentais, como tanto alertaram os Padres da Igreja.

No entanto, quando a Teologia da Libertação chama o pobre de oprimido, a razão cínica brada aos céus, denunciando-a como mera ideologia política. Seria o caso de indagar de que vocabulário os autores bíblicos – e o próprio Jesus – tiraram expressões como Reino, evangelho, ministro, Igreja, sem falar de títulos como Sumo Pontífice, Cristo Rei, Rainha dos Céus etc.

Supor que a Teologia da Libertação é mero modismo político de teólogos de esquerda é, no mínimo, ignorar o que é fazer teologia a partir de uma situação de opressão, na qual a pobreza predomina como fenômeno coletivo. O que significa falar de Deus nessa situação? Ou deve-se mentir que Deus aceita tal situação? A Teologia da Libertação não nasce em estufas eclesiásticas, como universidades ou seminários, mas em Comunidades Eclesiais de Base (CEBs) e nos movimentos pastorais que agrupam fiéis das classes populares. Diante de tantas dificuldades na vida, eles indagam: O que Deus quer? "Deus é o nosso refúgio e a nossa força", repetem com o salmista (Sl 46,2). Na busca dos "sinais dos tempos", atam eles entre fé e política, valores evangélicos e desafios da realidade, liturgia e festa, suscitando a metodologia teológica que é recolhida e sistematizada por teólogos como Gustavo Gutiérrez, Leonardo Boff e Elsa Támez. Só há sistematização se o teólogo participa com o povo de Deus de movimentos pastorais e populares.

A "vitória" das leis de mercado

A Teologia da Libertação poderia estar em crise se as condições sociais que lhe servem de matriz geradora estivessem – felizmente – superadas. Então, teria que redimensionar seu discurso, sem sofrer, contudo, solução de continuidade, na medida em que não identifica libertação com mera resolução dos problemas sociais crônicos. Para ela, o processo libertador implica, sem dualidade, o "pão nosso" e o "Pai nosso".

Basta observar quem, nas últimas décadas, tem produzido obras sobre espiritualidade na América Latina. Arturo Paoli, Segundo Galiléa, Gutiérrez, Pablo Richard, João Batista Libanio, Carlos Mesters, Raúl Vidales, Leonardo Boff, Jon Sobrino, Maria Clara Bingemer, Ronaldo Muñoz e tantos outros que têm escrito sobre oração, contemplação, vida religiosa, escatologia e liturgia. São todos teólogos da libertação.

Fosse a Teologia da Libertação mera exaltação do socialismo real, possivelmente, sim, estaria em crise como ocorre à teologia neoliberal europeia que, tendo perdido sua referência ao mundo dos pobres, volta a encarar a Modernidade pela ótica de Nietzsche, e já não sabe a quem dirigir seu discurso. E também entrou em crise a teologia que, no Leste Europeu, fazia da crítica ao socialismo uma apologia da liberdade possível nos países capitalistas. Agora, a onda de consumismo traz em seu bojo a reintrodução de disparidades sociais e permissividade, e assusta aqueles que sempre acreditaram que o Ocidente é cristão...

Se é verdade que o socialismo ruiu no Leste Europeu, é preciso não esquecer também que o capitalismo sempre sofreu de insuficiência crônica por sua incapacidade de responder às demandas sociais. Ele é, por natureza, desigual, concentrador e excludente. Cada país capitalista rico é o resultado de inúmeros países-satélites pobres. Só quem desconhece o sistema operacional de instituições aparentemente internacionais, como o FMI, o Banco Mundial, o OCDE e o Clube de Paris, ainda incorre na ingenuidade de supor que há ajudas desinteressadas ou sinceramente interessadas no desenvolvimento das nações carentes. A dívida externa obriga, hoje, os pobres a entregarem aos credores ricos mesmo o que não têm, como foi o caso da Grécia. Depois do fenômeno japonês, o seleto clube dos ricos não está mais disposto a permitir a entrada de novos sócios. A ganância de lucros é bem maior do que a riqueza disponível no planeta. A internacionalização da economia exige que a concorrência seja reduzida ao mínimo, cedendo lugar à ditadura dos cartéis que, através de empresas transnacionais, impõem preços e condições.

A tão celebrada "vitória" da livre concorrência no mercado não passa de uma cortina de fumaça para reificar utopias, fortalecer a hegemonia de potências capitalistas e transformar em imperativo categórico o critério liberal que associa liberdade e felicidade ao padrão de consumo, e identifica democracia e capitalismo. Nos últimos 10 anos, os pobres ficaram ainda mais pobres.

À luz da fé é preocupante constatar que importantes setores da Igreja Católica não se opõem ao neoliberalismo e, inclusive, aceitam sua política de considerar que o reforço das instituições – inclusive a eclesiástica – tem prioridade frente à defesa dos direitos dos pobres. À reivindicação de reforma política não se soma a exigência de mudanças econômicas que assegurem o direito elementar de sobrevivência biológica, o que demonstra que tais reformas têm por único objetivo – sob o pretexto de democratização – introduzir a livre concorrência, ou seja, garantir a total liberdade e supremacia do capital privado.

A Teologia da Libertação não se encontra soterrada sob o Muro de Berlim porque nunca se aliou a um projeto específico ou partidário, extrapolando a natureza de seu discurso. Regozija-se, porém, quando identifica em projetos políticos concretos sinais evangélicos na direção da supremacia dos direitos humanos sobre o capital, da vida sobre a morte. Basta conhecer a produção literária dos teólogos da libertação para constatar o quanto ela tem sido crítica aos desvios que, no Leste Europeu, levaram o socialismo à falência. O que ela sempre enfatizou, como dever ético, foram as conquistas sociais daquelas nações que lograram erradicar os bolsões de miséria e as estruturas necrófilas tão predominantes em países "cristãos" integrados no sistema capitalista.

A utopia cristã se expressa em categorias humanas, políticas e históricas. Como já foi lembrado, o próprio conceito central da revelação divina em Jesus e da missão evangelizadora da Igreja – Reino de Deus – é político. Mas não uma proposta que se esgote na esfera política, pois é dom de Deus que, já presente neste mundo, transcende a realidade construída pelo esforço humano. O cuidado de jamais reproduzir o equívoco medieval – de identificar o Reino com este ou aquele modelo de sociedade – não levou a Teologia da Libertação ao outro extremo de espiritualizar de tal modo o conteúdo da proposta evangélica, a ponto de lhe subtrair a força profética, transmutando-a em mera legitimadora de interesses corporativos e institucionais que convivem, sem desconforto, com a ordem social injusta e desigual.

Expressão da vivência e da inteligência da fé cristã dos pobres, a Teologia da Libertação insiste em priorizar o dom da vida como manifestação suprema de Deus, sobretudo em um contexto em que a opressão produz tantas formas de morte. Resiste também àqueles que pretendem esvaziar o dom teologal da esperança proclamando "o fim da história", como se o futuro pudesse ser encarado como mera extensão do presente. Assegurar a fé cristã como boa-nova aos pobres é o sinal, por excelência, de fidelidade da Igreja a Jesus Cristo – critério suficiente para determinar quem se afasta ou se aproxima da proposta evangélica.

As pressões romanas

Se alguns setores da Teologia da Libertação se retraíram sob os pontificados de João Paulo II e Bento XVI, não foi devido à queda do Muro de Berlim, que, sem dúvida, impôs sérias reflexões a todos que buscam um modelo alternativo de sociedade, cristãos e não cristãos. A razão reside nas pressões oriundas de setores do centro de poder na Igreja Católica, que se empenhavam na restauração da hegemonia institucional, em detrimento das Igrejas locais, dos avanços representados pelo Concílio Vaticano II e da evangelização inculturada. Além das advertências formuladas pelo cardeal Ratzinger em duas *Instruções*, alguns teólogos sofreram reprimendas e censuras, sem que, no entanto, tenha sido apontada em suas obras qualquer formulação doutrinária contrária à ortodoxia romana. O que, aliás, constitui uma situação curiosa: acusa-se a Teologia da Libertação de ser "ideológica" e, ao mesmo tempo, emite-se sobre ela críticas ideológicas, sem consistentes fundamentos doutrinários.

A coleção de obras teológicas na ótica da Teologia da Libertação, cujos primeiros exemplares chegaram a ser editados simultâneamente em diferentes idiomas, foi duramente prejudicada. Alguns episcopados proibiram editoras católicas de prosseguirem a publicação e Roma apertou os critérios de concessão do *imprimatur* pela multiplicação de instâncias que devem julgar cada novo escrito. Tais fatos sinalizaram algo mais profundo: o confronto entre diferentes concepções de Igreja. Em síntese, um modelo hierarquicamente centralizado, universalmente reproduzido, voltado aos pobres numa postura assistencialista; e, outro, fundado na "comunhão e participação" (Puebla), inculturado, inserido no esforço de libertação dos pobres e, como a Igreja primitiva, tendo o mesmo rosto dos fiéis que a integram em cada nação ou etnia. É este último modelo que o papa Francisco se empenha em instaurar.

Ainda que não houvesse esse contraponto e a Teologia da Libertação permanecesse em total silêncio, há questões que se impõem ao poder romano como decorrentes da nova conjuntura internacional. Não se pode ignorar o fator cultural na África, na Ásia e na América Latina; a urgência de uma teologia moral atualizada; os avanços da biogenética; a crescente degradação socioambiental; a transnacionalização da economia; a miséria que afeta parcela considerável da população do globo; e, inclusive, os novos ventos democráticos, graças à eleição do papa Francisco, que não deixam de questionar o perfil imperial adotado pela Igreja Católica a partir do século IV. Juntem-se a isso certas questões polêmicas que os sínodos da Família (2014 e 2015) levantaram: o direito de os divorciados e recasados sem anulação canônica terem acesso aos sacramentos; as uniões homoafetivas; o celibato sacerdotal e a ordenação de mulheres.

No esforço de tratar os valores culturais sem partir de suas raízes estruturais e históricas, certos setores eclesiásticos parecem não querer assumir a Modernidade. Ainda não se acostumaram ao fato de os fiéis – pobres, sem escolaridade, impelidos pela sabedoria de vida e o Espírito – participarem da vida da Igreja e da reflexão teológica, com um amor que, por ser autêntico, não deixa de ser crítico. Para quem vive em uma instituição fechada – à semelhança dos antigos partidos comunistas do Leste Europeu – a transparência é sempre incômoda. Ocorre que o mundo se transformou em uma pequena aldeia e – assim como o que se passa na Síria interfere na vida de quem vive na Argentina, no Canadá ou na Polinésia – não há mais possibilidade de se erguer Cortinas de Ferro ou de Bambu, impedindo que a mídia penetre. Parafraseando o Evangelho, agora a casa não tem mais telhado, o olho eletrônico capta tudo e socializa as informações, inclusive as que circulam nas esferas eclesiásticas. Há ainda outro fator típico da Modernidade que não pode ser visto pela ótica de medir forças: a hegemonia internacional do cristianismo tende a decair frente ao crescimento de outras religiões, exceto na América Latina, que hoje abriga mais de 50% dos católicos do mundo.

As grandes religiões, como o budismo e o islamismo, deixam de ser regionais e étnicas, inculturando-se rapidamente por toda a parte. Acrescente-se a isso dois fenômenos recentes: o aparecimento de movimentos religiosos autônomos, desvinculados de tradições históricas, facilmente adaptáveis à cultura e aos costumes dos novos adeptos, e o sincretismo da juventude, que extrai de cada tendência religiosa um ou mais aspectos para compor o seu próprio figurino de vida espiritual.

Os novos desafios

Não resta dúvida de que a Teologia da Libertação se encontra, hoje, diante de novos e difíceis desafios. A saber:

1) Sua utopia libertadora necessita traduzir-se em possíveis topias realizáveis no mundo dos pobres, como condição de novos caminhos para a transformação social, uma vez que nada indica

que as revoluções, entendidas como destruição violenta do Estado, venham a se repetir com a mesma frequência do passado. Há que levar em conta também êxitos e fracassos dos governos democráticos populares da América Latina. Nesse sentido, é preciso trabalhar melhor o tema das mediações socioanalíticas e instrumentais, como movimentos populares, sindicais e políticos. Inclusive a exigência de uma "pastoral da esfera política".

2) Se todo processo libertador supõe a progressiva conquista de posições hegemônicas, não se podem ignorar as interações entre diferentes setores da sociedade e que, de alguma forma, influem no nível de articulação política das classes populares. É preciso, pois, encarar com seriedade o trabalho pastoral junto a setores de classe média e a intelectuais, artistas e cientistas, formadores de opinião pública. O basismo tende a isolar a pastoral popular e a Teologia da Libertação.

3) A questão socioambiental está na ordem do dia. Desconhecê-la é permitir que prosseguisse sob o tratamento romântico e fundamentalista que lhe dão governos, empresas e mídia. A defesa intransigente da preservação do meio ambiente não deve levar ao tipo de sacralização da natureza que mobiliza multidões em prol da sobrevivência de baleias e florestas, sem que, no entanto, sejam aí incluídos milhares de pessoas que estão com as suas vidas ameaçadas pela fome, em todas as regiões do mundo. Uma socioecologia holística, que não separe o ser humano da natureza, trará inevitavelmente consequências libertadoras, como a que é proposta pelo papa Francisco na encíclica *Louvado sejas – Sobre o cuidado da casa comum*.

4) A ênfase que a Teologia da Libertação imprime à moral social deve ser estendida à moral pessoal. A questão da subjetividade e da ética revela-se central na análise da crise do socialismo. Além disso, há toda uma gama de novas situações ligadas à moral sexual que a teologia precisa encarar, como a homossexualidade,

o aborto, as relações extraconjugais, a prostituição, e a própria teologia do matrimônio.

5) Em suas análises, a Teologia da Libertação precisa cuidar-se para não ficar refém de conceitos tradicionais de classes sociais. Há realidades, como mulheres, identidade de gênero, crianças, negros e indígenas, que exigem enfoques diferentes. Não se pode mais falar de evangelização sem um tratamento cuidadoso da inculturação.

6) O avanço acelerado da tecnologia de ponta e da pequisa científica, desde a informática à astrofísica, da nanotecnologia à bioética, abrem à reflexão teológica novos pressupostos e horizontes. Não há mais temas do Mundo Rico que não interessem ao Mundo Pobre. As interações em todos os campos do saber e do fazer são cada vez mais complexas, configurando uma nova epistemologia.

7) A crise do socialismo coloca à teologia o dever ético de resgatar a esperança dos pobres. É preciso aprofundar a questão do socialismo e a busca de modelos alternativos, como o "Bem-viver" dos indígenas andinos, enfatizando criticamente as premissas idolátricas que regem tanto as leis de mercado quanto o centralismo estatocrático. A questão da democracia não deve jamais prescindir dos mecanismos econômicos que afetam diretamente a qualidade de vida da população. E é preciso reavaliar a metodologia de educação popular junto aos setores empobrecidos e as bases de uma nova alfabetização política.

8) Enfim, a reflexão teológica sobre a própria Igreja precisa prosseguir, mormente nessa conjuntura em que o pontificado de Francisco supera a restauração eurocêntrica e valoriza a vitalidade da participação comunitária dos pobres na vida eclesial, reatualizando a teologia dos ministérios e o próprio papel de Igreja como indutora de projetos e utopias libertários.

Confissões de Santo Agostinho

A Peguin-Companhia das Letras lançou, em 2017, nova edição do clássico *Confissões*, de Santo Agostinho (354-430), em tradução de Lorenzo Mammì.

É a primeira autobiografia da literatura ocidental. Na falta de Freud, e sob o peso de sua vida pré-cristã, Agostinho escalou todos nós, leitores, como seus terapeutas. Ele se despe aos nossos olhos nos treze livros que compõem a obra.

O autor já passara dos 40 anos e era bispo de Hipona (na atual Argélia) ao iniciar a redação. Descreve episódios bizarros, como a recusa à proposta de pagar um adivinho para vencer um concurso de poesia dramática.

A espiritualidade de Agostinho é acentuadamente evangélica, de quem se sente "morada divina" (Jo 14,23), e crê que "Tu não abandonas tua criatura como eles abandonam seu Criador" (V, II). "Onde estava quando te procurava? Tu estavas diante de mim, mas eu me afastara até de mim mesmo e não me encontrava, quanto menos a ti!" (V, II). "Tarde te amei, beleza tão antiga e tão nova, tarde te amei. Mas eis: estavas dentro e eu estava fora" (X, XVII, 38).

Mudam os tempos, não os costumes! Agostinho faz severa crítica aos discursos demagógicos: "Como eu era miserável e de que maneira fizeste com que sentisse minha miséria naquele dia, quando me preparava para declamar o elogio do imperador (no décimo aniversário do reino de Valentiniano II, em 385) em que diria muitas mentiras e mentindo ganharia a aprovação dos entendidos" (VI, VI, 9).

Confessa a inveja que sentiu de um mendigo bêbado que cantava e ria em uma rua de Milão: "Ele era mais feliz, sem dúvida, não apenas porque transbordava de alegria, enquanto eu era dilacerado por preocupações, mas também porque ele ganhara o vinho augurando o bem, enquanto eu buscava a vanglória mentindo" (VI, 10).

Em exaltação ética, cita seu amigo Alípio que, na Itália, assessorava o responsável pelas finanças do país: "Um senador poderosíssimo, que a muitos cativava pelos benefícios ou subjugava pelo medo, aproveitando-se de seu poder, como era seu costume, pretendeu que lhe fosse concedido algo proibido pelas leis: Alípio se opôs. Prometeram-lhe um prêmio: menosprezou-o resolutamente. Fizeram-lhe ameaças: rechaçou-as com energia incomum, maravilhando todos por não aceitar como amigo ou temer como inimigo um homem tão importante, celebrado pela vasta reputação de dispor de inúmeros meios para favorecer ou prejudicar alguém" (VI, X, 16).

Agostinho amasiou-se por longos anos. E a isso se refere abertamente: "Amarrado à doença da carne por uma atração mortífera" (VI, XII, 21) [...] "de maneira alguma eu poderia suportar uma vida de celibatário" (22) [...] "e pedi em casamento uma jovem à qual faltavam cerca de dois anos para ser núbil" (23) [...] "quando aquela com a qual eu costumava me deitar foi arrancada do meu flanco por ser um empecilho ao casamento, meu coração, que se apegara a ela, despedaçado e ferido, deixou um rastro de sangue. Ela voltou para a África prometendo a ti que não conheceria outros homens, e deixou comigo o filho que tive com ela" (VI, XV, 25).

Jostein Gaarder não foi justo em *Vita Brevis – A carta de Flória Emília para Aurélio Agostinho* (São Paulo: Companhia das Letras, 1997), pois Agostinho soube cuidar de Adeodato, levou-o para Milão e fez dele personagem do diálogo *A vida feliz* e interlocutor em *O mestre*. Não poupou elogios ao filho: "Tinha apenas quinze anos e superava em inteligência muitos homens sérios e eruditos [...] Sua inteligência me dava arrepios" (IX, VI, 14).

Confissões contém ainda tratados sobre a memória, o tempo, a verdadeira felicidade. E cita a piada: "O que Deus fazia antes de criar o céu e a terra? Não respondo como alguém respondeu, esquivando com uma brincadeira a contundência do questionamento: 'Prepara o inferno para quem investiga mistérios profundos'. Não respondo assim. Prefiro responder: Não sei o que não sei" (XI, XII, 14).

Eis uma obra que, dezessete séculos depois, permanece atualíssima.

Cultura do egoísmo

É bem conhecida a Parábola do Bom Samaritano (Lc 10, 25-37), provavelmente baseada em um fato real. Um homem descia de Jerusalém a Jericó. No caminho, foi assaltado, espoliado, surrado, e deixado à beira da estrada. Um sacerdote por ali passou e não o socorreu. A mesma atitude de indiferença teve o levita, um religioso. Porém, um samaritano – os habitantes da Samaria eram execrados pelos da Judeia –, ao avistar a vítima do assalto, interrompeu sua viagem e cobriu o homem de cuidados.

Jesus narrou a parábola a um doutor da lei, um teólogo judeu que sequer pronunciava o vocábulo samaritano para não contrair o pecado da língua... E levou o teólogo a admitir que, apesar da condição religiosa do sacerdote e do levita, foi o samaritano quem mais agiu com amor, conforme a vontade de Deus.

Na Itália, jovens universitários expuseram à beira da estrada cartaz advertindo que, próximo dali, um homem necessitava ser urgentemente transportado a um hospital. Todos os motoristas eram parados adiante pela Polícia Rodoviária para responderem por que passaram indiferentes. Os motivos, os de sempre: pressa, nada tenho a ver com desconhecidos, medo de doença contagiosa ou de sujar o carro.

Quem parou para acudir foi um verdureiro que, em uma velha camionete, transportava seus produtos à feira. Comprovou-se que os pobres, assim como as mulheres, são mais solidários que os homens burgueses.

Em uma escola teológica dos Estados Unidos, seminaristas foram incumbidos de fazer uma apresentação teatral da Parábola do Bom Samaritano. No caminho do auditório ficou estendido um homem, como se ali tivesse caído. Apenas 40% dos seminaristas pararam para socorrê-lo. Os que mais se mostraram indiferentes foram os estudantes advertidos de que não poderiam se atrasar para a apresentação. No entanto, se dirigiam a um palco no qual representariam a parábola considerada emblemática quando se trata de solidariedade.

A solidariedade é uma tendência inata no ser humano. Porém, se não for cultivada pelo exemplo familiar, pela educação, não se desenvolve. A psicóloga estadunidense Carolyn Zahn-Waxler verificou que crianças começam a consolar familiares aflitos desde a idade de um ano, muito antes de alcançarem o recurso da linguagem.

A forma mais comum de demonstrar afeto entre humanos é o abraço – dado em aniversários, velórios, situações de alegria, aflição ou carinho. Existe até a terapia do abraço.

Segundo notícia da *Associated Press* (18/06/2007), uma escola de ensino médio da Virginia, EUA, incluiu no regulamento a proibição de qualquer contato físico entre alunos e entre alunos e professores. Hoje em dia, em creches e escolas dos Estados Unidos educadores devem manter distância física das crianças, sob pena de serem acusados de pedofilia...

As crianças e os grandes primatas – nossos avós na escala evolutiva – são capazes de solidariedade a pessoas necessitadas. É o que comprovou a equipe do cientista Felix Warneken, do Instituto Max Planck, de Leipzig, Alemanha (2007). Chimpanzés de Uganda, que viviam soltos na selva, eram trazidos à noite ao interior de um edifício. Um animal por vez. Ele observava um homem tentando alcançar, sem sucesso, uma varinha de plástico através de uma grade. Apesar de seus esforços, o homem não conseguia pôr as mãos na varinha. Já o chimpanzé ficava em um local de fácil acesso à varinha. Espontaneamente o animal, solidário ao homem, apanhava a varinha e entregava a ele.

É bom lembrar que os chimpanzés não foram treinados a isso nem recompensados por assim procederem. Teste semelhante com crianças deu o mesmo resultado. Mesmo quando a prova foi dificultada, obrigando crianças e chimpanzés a escalar uma plataforma para alcançar a varinha, o resultado foi igualmente positivo.

A 16 de agosto de 1996, Binti Jua, gorila de oito anos de idade, salvou um menino de três anos que caíra na jaula dos primatas no zoológico de Chicago. O gorila sentou em um tronco com o menino no colo e o afagou com as costas da mão até que viessem buscar a criança. A revista *Time* elegeu Binti uma das "melhores pessoas" de 1996...

Frente a tais exemplos, é de se perguntar o que a nossa cultura, baseada na competitividade, e não da solidariedade, faz com as nossas crianças e engendra que tipo de adultos. Os pobres, os doentes, os idosos e os necessitados que o digam.

Quando eu era fanático

Abracei o fanatismo ao descobrir que só o Deus pregado por minha Igreja é o verdadeiro. Todos os outros deuses, todas as outras religiões, todas as outras tradições espirituais que não creem como eu creio são heréticas, ofendem a Deus, procedem do diabo e merecem ser varridas da face da Terra.

Os fiéis dessas Igrejas que não professam o meu Credo estão condenados às chamas do inferno e só haverão de se salvar aqueles que se arrependerem, abandonarem seus cultos idólatras e abraçarem a única e verdadeira fé – esta que a minha Igreja manifesta.

Tornei-me fanático em sucessivas etapas. Fui criado em uma família católica e, desde cedo, aprendi que os protestantes são infiéis por não respeitarem a virgindade de Maria nem acatarem a autoridade do papa.

Ridicularizei os espíritas por admitirem que se comunicam com os mortos. Acusei os judeus de terem assassinado Jesus. Abominei os ritos de matriz africana como supersticiosos e orquestrados pelo demônio.

Tivesse eu poder, haveria de banir da sociedade todas essas crendices que tomam o Santo Nome de Deus em vão.

Até que um dia sofri um acidente de trânsito no centro de Salvador, onde me encontrava a trabalho. Fui atropelado por uma moto que surgiu inesperadamente quando eu atravessava o Largo Terreiro de Jesus.

Fui socorrido por um desconhecido que me levou a um hospital evangélico em seu carro. Por eu estar inconsciente, devido à pancada da cabeça no solo, ele assumiu os custos apresentados pelo pronto-socorro e ainda assinou um termo de responsabilidade. Como deixou telefone e endereço, ao receber alta fui agradecer-lhe. Soube que é ateu.

Fiquei me perguntando se todos os fiéis de minha Igreja seriam capazes de prestar igual solidariedade ou se passariam indiferentes diante de um acidentado, e ainda se autodesculpariam com este raciocínio cínico: "Nada tenho a ver com isso".

No hospital, fui visitado por uma senhora espírita, que me deu grande consolo, já não tenho parentes na capital baiana. Manifestei a ela meu estranhamento ao fato de os espíritas afirmarem conversar com os mortos. Ela retrucou com um sorriso: "Vocês, católicos, conversam com quem quando oram a São Jorge, Santo Expedito e Santo Antônio?"

Meu médico era um judeu casado com uma palestina. E as duas enfermeiras, muito atenciosas, frequentavam o candomblé e a umbanda.

Ao deixar o hospital, tive a surpresa de encontrar, na pousada na qual me hospedara, a mochila que havia perdido no acidente. Dentro, todos os meus pertences, inclusive o dinheiro que eu tinha retirado do banco para pagar a hospedagem.

Um taxista encontrou o cartão da pousada entre meus documentos, devolveu a mochila e informou o que me havia ocorrido. Como deixara o telefone dele, liguei para agradecer. Não resisti à pergunta: "Por que o senhor devolveu todos os meus pertences, inclusive o dinheiro?" Ele simplesmente respondeu: "Sou muçulmano".

Arte da tolerância

Tolerância não significa aceitar passivamente violência, homofobia e racismo. Frente a tais atitudes temos o dever ético de ser intolerantes. A tolerância se situa na esfera das ideias e opiniões.

Na democracia, cada um tem o direito de ter as suas próprias convicções, ainda que se contraponham às minhas. Não devo por isso ofendê-lo, desmerecê-lo, humilhá-lo. Mas devo tentar impedi-lo de ir além de suas convicções predatórias à violação da dignidade por atitudes como o racismo.

A tolerância é filha da democracia. Na sociedade autocrática predomina a versão do poder e é crime se contrapor ou discordar dela.

A Modernidade se funda na diversidade. Contudo, o coração humano não tem idade. Em todos os lugares e épocas ele comporta o solidário, o altruísta, o generoso, e também o ditador, o fundamentalista, o fanático que se julga dono da verdade.

Na medicina, intolerância é de quem sofre de alergia a camarão ou gergelim e considera insuportáveis tais alimentos. O que não se pode é transferir esse tipo de reação às ideias contrárias às minhas. Ainda que me escandalizem, não devo combatê-las com as armas de ódio e violência. Devo recorrer à razão, ao bom-senso, me empenhando para que o marco legal da sociedade impeça que os intolerantes passem das ideias aos fatos, como considerar a homossexualidade uma doença e prescrever a "cura *gay*".

Dizia Gandhi que "tolerar não significa aceitar o que se tolera". Tolerar vem do latim "tollere", e significa carregar, suportar. "Tolerantia", na cultura romana, equivalia à resistência, qualidade de quem suporta dignamente dificuldades e pressões.

Tolerar não implica conceder a outro um direito. Direito não se tolera; pratica-se com plena liberdade. Em 1789, quando os deputados franceses debatiam na Assembleia Constituinte o artigo 10 da *Declaração dos Direitos do Homem e do Cidadão*, que se refere à liberdade religiosa, a maioria católica propôs que aos protestantes fosse tolerado terem seus próprios templos e praticarem o seu culto.

Saint-Étienne, deputado protestante, discordou. Disse que tolerância era "uma palavra injusta, que nos representa apenas como cidadãos dignos de piedade, como culpados que são perdoados". E exigiu liberdade de culto.

Uma liberdade não tem o direito de pretender coibir a outra. Na Alemanha, os nazistas têm o direito de se organizar em partido político e ocupar cadeiras no Congresso. Mas não de querer restringir os direitos de judeus e imigrantes.

O exercício dos direitos não depende apenas da letra da lei. Todos temos liberdade de expressão, mas em uma sociedade economicamente desigual aqueles que possuem mais recursos têm mais condições de se expressar do que a população carente. Portanto, só há plena liberdade quando há também equidade.

Não existem religiões fanáticas ou intolerantes. Há, sim, indivíduos e grupos que encarnam tais atitudes.

O sofrimento pode nos tornar tolerantes ou intolerantes. No século III a.C., o imperador Ashoka governava o que é hoje Índia, Paquistão e grande parte do Afeganistão. Cruel, assassinava seus rivais. Conta-se que, após uma batalha, viu o rio encharcado de sangue e decidiu não mais provocar tanto sofrimento e morte.

Ashoka dedicou-se, então, a promover a paz entre religiões e pessoas com diferentes opiniões. Em colunas de pedra deixou gravados seus conselhos, como "aquele que defende a sua própria religião e, devido a um zelo excessivo, condena as outras pensando 'tenho o direito de glorificar a minha própria religião', apenas prejudica a sua, pois deve escutar e respeitar as doutrinas professadas pelos outros".

Exemplo de tolerância é Jesus. Acolheu o centurião romano, adepto da religião pagã (Mt 8,5-13), e a mulher fenícia, que cultuava deuses repudiados pelos judeus (Mt 15,22-25). Não disse uma palavra moralista à samaritana que tivera cinco maridos e vivia com o sexto (Jo 4,7-26). Impediu que os fariseus apedrejassem a mulher adúltera (Jo 8,1-11). Permitiu que a mulher pecadora lhe perfumasse os pés e os enxugasse com os cabelos (Lc 7,36-50). Diante do teólogo judeu, acentuou o gesto solidário do samaritano como exemplo do que Deus espera de nós (Lc 10,25-36).

O sábio tolera; o arrogante julga; o injusto condena.

Ainda a arte da tolerância

Enquanto os povos viviam distantes um do outro, cada um com as suas crenças e costumes, a intolerância não se evidenciava. Isso teve início com a ruptura provocada na Igreja pelo surgimento do protestantismo. Então, pessoas de um mesmo vilarejo, bairro ou família se dividiam entre católicos e protestantes. O conflito se desencadeou e, inclusive, fez correr sangue.

A reforma luterana rompeu a unidade religiosa do Sacro Império Germânico e, por consequência, a unidade de toda a Europa Ocidental.

Foi preciso encontrar novos critérios para a paz. Não através da submissão forçada de uns por outros. E sim pela via do entendimento e do bom-senso.

Em 1686, Pierre Bayle escreveu ser um absurdo querer forçar alguém a pensar de uma determinada maneira. No máximo se pode obrigá-lo a fingir. Como já havia assinalado Santo Tomás de Aquino no século XIII, a consciência de cada pessoa é irredutivelmente livre. A ponto de poder inclusive recusar a ideia de Deus.

A obra de Bayle preparou o terreno para a liberdade de consciência. Três anos depois, em 1689, John Locke, filósofo inglês, publicou sua *Carta sobre a tolerância*, na qual defende que o Estado não deve interferir nas convicções religiosas, e sim assegurar a liberdade de crenças. Deu-se o início da laicização do Estado e da sociedade.

Entre os séculos XVII e o início do XVIII, muitas vozes se ergueram contra a intolerância, como Baruch Spinoza, Jonathan Swift, John Toland, John Locke e Shaftesbury. A eles se somaram Montesquieu, Voltaire, Diderot, Rousseau, D'Holbach, entre outros.

Em 1763, Voltaire lançou o *Tratado sobre a tolerância por ocasião da morte de Jean Calas*. Este comerciante de Toulouse era protestante. Seu filho, Marc-Antoine, de 20 anos, apareceu enforcado no sótão da casa. Como manifestara a vontade de aderir ao catolicismo, o pai, acusado de matá-lo, foi condenado à morte e executado.

Voltaire ergueu a sua voz contra o fanatismo. Exigiu revisão do caso. Apurou-se que o rapaz sofria de depressão. O pai, declarado inocente, foi reabilitado quando já estava morto.

Voltaire salientou que existe uma fraternal solidariedade entre os seres humanos. Todos se mobilizam quando há uma catástrofe – incêndio, alagamento, terremoto, furacão etc. Por que a intolerância quando se trata de pensar ou crer de modo diferente?

A intolerância só é aplicável às ciências exatas. Inútil querer que a água ferva antes de atingir os 100 graus centígrados. Ou insistir que 2 + 2 são 5...

No campo científico, a tolerância só é aceitável em se tratando de hipóteses. Antes de se chegar ao dado científico há várias hipóteses até a comprovação empírica de que a molécula de água resulta da junção de dois átomos de hidrogênio com um de oxigênio.

Isso é impossível em se tratando de crenças religiosas. Jamais as diferentes religiões ou tendências confessionais chegarão a um acordo quanto às suas convicções de fé. Restam, portanto, duas alternativas: a guerra ou a tolerância. E o passado demonstra que a guerra é inútil, apenas deixa lastro de ódio e sangue.

Fora do âmbito das ciências, a tolerância é desejável. Se alguém acredita que todos procedemos, não da evolução dos símios, mas da união de Adão e Eva, isso é tolerável porque não faz mal a ninguém.

Nem sempre é fácil demarcar a fronteira entre o tolerável e o intolerável. Depende de cada cultura. Para muitos é inconcebível que, em pleno século XXI, uma sociedade exija por lei que a mulher seja submissa ao homem, como ocorre na Arábia Saudita. Ainda que um estrangeiro que mora naquele país seja tolerante frente a esse absurdo, não significa que esteja de acordo com tal violação dos direitos humanos.

Diante de opiniões e atitudes diferentes, como em recentes exposições artísticas no Brasil, o tolerante se alegra e celebra a diversidade; o intolerante se enche de ódio e apela à violência.

Semana (pouco) Santa

Avizinham-se os feriados da Semana Santa. Para quem pode, paira uma excitação no ar: a corrida ao supermercado, o carro abastecido, a agência de viagens, a expectativa de dias tranquilos na praia, no sítio ou no exterior.

No Brasil, a maioria é cristã. Cristãos avulsos, sem vínculos paroquiais ou comunitários. Por isso, profanamos a Semana Santa. Em vez do lava-pés na quinta-feira, lavamos a alma em dúzias de cerveja e o corpo em mares e piscinas. Em vez da memória do Senhor morto na sexta-feira, o churrasco no quintal e a sofreguidão de quem acredita que felicidade é a soma de pequenos prazeres. Em vez da Páscoa, a mais importante festa cristã, um domingo de lazer no qual se espera apenas que o sol ressuscite dentre as nuvens e nos conceda a glória de seu brilho.

Temos perdido a memória das datas emblemáticas e dos ritos de passagem. Muitas de nossas crianças crescem no ateísmo prático, como se Deus fosse um camafeu guardado por suas avós em uma caixa forrada de veludo. Se não há quem as leve à igreja, faça-as participar do lava-pés e da procissão da cruz, e cantar aleluias pela ressurreição de Jesus, como esperar que cresçam com algum sentimento religioso?

Tornam-se, pois, neófitas da religião das novas catedrais: os *shopping-centers*. Aprendem que a Semana Santa é apenas uma miniférias que demarca com nitidez duas classes de seres humanos: os que podem viajar e os que ficam. Se um dia forem relegadas à categoria dos que ficam, sentir-se-ão humilhadas, reagindo segundo a única escala de valores que conhecem: a do *status* a qualquer preço.

Os fatos históricos celebrados pela Igreja na Semana Santa fazem parte dos arquétipos que regem a nossa cultura ocidental. Olvidar-se que, no século I, Jesus de Nazaré foi perseguido, preso, torturado e assassinado na cruz por "passar a vida fazendo o bem", como sublinham as Escrituras, é perder a própria identidade. Sem paradigmas e referências, invertemos os valores. Trocamos a religião pelo consumo, abraçando inclusive uma religiosidade *prêt-à-porter*, de quem busca nos astros e nas cartas, nos búzios e no I Ching o que convém à própria segurança psicológica.

Nenhuma preocupação com os pobres, nenhuma fome de justiça, nenhuma entrega à oração. Fugimos de práticas comunitárias como o diabo da cruz. Inventamos uma religião individual, na qual somos fiéis e bispos, profetas e doutores. Por isso nos encanta a literatura esotérica que nutre nossa fantasia com manuscritos arcaicos e anjos cabalísticos. Nada disso exige que se cumpra o fundamental: amar o próximo como a si mesmo.

Abraçar o caminho de Jesus é ver no próximo a face de Cristo, sobretudo naqueles com quem Ele se identificou: "tive fome... tive sede... fui oprimido..." (Mt 25,31). Que transtorno! Então terei de encarar essa criança de rua, que estraga a paisagem da janela do meu carro, como se visse o Menino Jesus? Terei de admitir, já que a vida humana se sobrepõe aos bens materiais, que os sem-terra agem na linha do Evangelho quando ocupam propriedades ociosas? Terei de visitar amigos doentes, assinar a carteira da faxineira e pagar melhores salários aos empregados?

Heloísa Vinhas, brasileira de 23 anos que tentava vida melhor nos Estados Unidos, atravessava uma rua de Los Angeles, quando foi atropelada pelo carro de uma motorista irresponsável. Atirada no asfalto da via preferencial, corria o risco de ser morta por outros veículos. Porém, um jovem e famoso ator, Tom Cruise, que passava pelo local, manobrou seu Porsche de modo a proteger o corpo da moça e chamou a equipe de socorro. Em seguida, acompanhou Heloísa ao hospital e disse ao enfermeiro Jeffrey Furrows: "Sou Tom Cruise e quero que esta mulher receba o melhor tratamento possível. Eu pago a conta". A estimativa ultrapassava R$ 7 mil.

Tom Cruise jamais deve ter imaginado que, um dia, faria o papel, na vida real, de um dos mais destacados personagens bíblicos: o bom samaritano.

Como imitar Tom Cruise e o bom samaritano sem compaixão e solidariedade? Prefiro Jesus espetado no crucifixo da parede. Na vida real, ele e o bom samaritano questionam minhas fantasias egocêntricas.

É Páscoa, mas não passo. Fico na minha. Entregue ao ócio dos feriados. Se possível, vendo na TV um filme estrelado por Tom Cruise. E não me peçam que pare o carro caso encontre um acidentado na estrada. Sujaria tapetes e bancos, impressionaria as crianças, atrasaria a viagem.

Exceto se a fatalidade fizer com que o acidentado seja eu.

Dessacralizações

Para os antigos, a natureza era mais do que sagrada. Era a própria encarnação do Sagrado. Indígenas andinos se viam obrigados a escalar a Pachamama, a grande montanha, para expiar suas culpas. Os trovões refletiam a ira dos deuses e o arco-íris, promissora bonança.

A dessacralização da natureza é um fenômeno moderno. Na Modernidade, o ser humano se destacou da natureza e se sobrepôs a ela. Na lógica utilitarista, a natureza é potencialmente rica e cabe a nós explorá-la para obter lucros.

Caso a natureza não favoreça nossas ambições, então devemos alterá-la, mudar o seu curso, anabolizá-la com produtos químicos, como desviar o rumo do rio São Francisco e entupir de agrotóxicos verduras, legumes e cereais, submetidos a mutações transgênicas.

Nos últimos 200 anos, de tal maneira estupramos Gaia que, agora, ela se vinga, como bem observou Lovelock. A vingança surge na forma de desequilíbrio ambiental, aquecimento global, frequentes catástrofes, como tsunamis e tornados, surpreendendo todas as previsões meteorológicas.

Agora, o capitalismo promove também a dessacralização do ser humano. Este já não é mais visto como um ser dotado de alma, portador de direitos, digno de cidadania e chamado à salvação por Deus.

É apenas um intruso que a explosão demográfica pariu indevidamente na família humana. Mas quem disse que ele é humano? Humanos são os que estão integrados no mercado de produção, distribuição e consumo. Os demais são meros androides destinados a ser mão de obra barata. Em relação a eles os humanos não devem ceder à ingenuidade de nutrir qualquer sensibilidade.

O que importa à Wall Street os milhares de imigrantes africanos naufragados no Mediterrâneo? O que interessa à revista *Forbes* 1,2 bilhão de pessoas que sobrevive com uma renda diária inferior a dois dólares? Pode-se chamar de humano quem não sabe sequer quem foram Mozart, Napoleão e Einstein, e nunca teve um emprego formal?

A dessacralização do humano decorre da perversa lógica branca, racista, que segrega como seres inferiores negros, índios, asiáticos, latino-americanos e muçulmanos, embora ocorram exceções, quando alguém, graças à benevolência da civilização anglo-saxônica, é alçado ao seleto clube dos humanos...

Se em nossas escolas e meios de comunicação essa tendência não for urgentemente combatida, em breve a eugenia nazista parecerá um experimento infantil frente ao direito de policiais brancos matarem negros; fazendeiros, índios; enquanto muçulmanos são tratados como terroristas; palestinos como invasores; moradores de favelas como bandidos; e crianças e jovens, privados de educação de qualidade, como meros infratores que mereceriam ser punidos pela espada do rei Herodes – no berço!

Evangelização educativa no mundo dos pobres

Desde 1974, ao deixar a prisão – na qual fiquei, sob a ditadura militar brasileira, quatro anos em companhia de outros frades dominicanos –, trabalho com educação popular segundo o método Paulo Freire. Este pedagogo, falecido em 1997, contribuiu decisivamente para mudar o perfil da Igreja Católica no Brasil, aproximando-a dos pobres.

A metodologia de Paulo Freire nos despe do olhar e da postura colonialistas que nós, religiosos e padres, costumamos ter em relação aos mais pobres. Não há ninguém mais culto do que outro, ensina ele a quem confunde nível de escolaridade com acúmulo de conhecimentos.

Eliete Oliveira, cozinheira de nosso convento em São Paulo, teve poucos anos de frequência à escola. No entanto, possui uma vasta cultura culinária. O senso comum não a considera culta. Ao contrário, culto sou eu que estudei jornalismo, antropologia, filosofia e teologia. Ora, quem depende mais da cultura um do outro – Eliete ou eu? É óbvio que ela pode viver sem a minha; eu não posso viver sem a dela.

Eis o que Paulo Freire ensina: o que existe são culturas distintas, socialmente complementares. Essa consciência faz com que os oprimidos deixem de fazer de suas cabeças alojamento de opressores, adquiram autoestima e tornem-se sujeitos históricos.

Deixar-se evangelizar pelos pobres

Durante mais de vinte anos trabalhei com as Comunidades Eclesiais de Base (CEBs) em todo o Brasil, e também com a Pastoral Operária na região mais industrializada do país, o ABC paulista. A Igreja Católica no Brasil jamais poderia abrigar cerca de 100 mil Comunidades Eclesiais de Base e grupos populares de estudos bíblicos se não dispusesse de uma pedagogia sistematizada que a permitisse deixar-se evangelizar pelos pobres. Uma pastoral *do povo* difere de uma pastoral *para o povo*. Esta encara o povo como objeto da ação evangelizadora; a primeira torna o povo sujeito da evangelização.

Esta mudança de lugar epistêmico, provocada pelo método Paulo Freire, engendrou na Igreja Católica do Brasil e, em especial, nos dominicanos, uma mudança de lugar social. Abandonaram-se os conventos em bairros de classe média alta para mergulhar no mundo dos pobres, seja na zona rural, seja nas periferias de grandes cidades. Eu mesmo morei por cinco anos numa favela antes de mergulhar no mundo operário da região industrializada de São Paulo.

A evangelização muitas vezes se restringe à equivocada pedagogia de que, nós religiosos, portadores do depósito da fé, somos como um posto de gasolina no qual os fiéis vêm com frequência se abastecer. Vêm às nossas missas, aos nossos sacramentos, às atividades que promovemos no espaço eclesiástico, como os nossos conventos. Ora, após o Concílio Vaticano II, a Igreja Católica do Brasil deu-se conta de que permanecia refém dos interesses das classes média e altas, e cada vez mais afastada do mundo dos pobres. Foi então que se iniciou uma debandada para o mundo dos pobres. Colégios católicos foram fechados para que religiosos e religiosas pudessem ir viver em favelas, em zonas rurais, junto aos seringueiros da Amazônia e aos pescadores do litoral brasileiro. Antes, porém, passavam por cursos de treinamento à evangelização popular, onde aprendiam a pedagogia de Paulo Freire.

Fato da vida/fato da Bíblia

Ao chegar à favela em Vitória, em nenhum momento fiz de conta de que eu era pobre como eles. Evidente que venho de outra classe social. Mas o fato de não querer ensiná-los, nem me portar como quem traz a salvação aos infiéis, ajudou a criar vínculos de amizade. Antes de ver em mim o frade, acostumaram se a ver o Betto. Na linha de Diogneto, em quase tudo eu era igual a eles, em especial no mesmo barraco de madeira erguido em terreno ocupado, pertencente à Marinha brasileira. Quando os fiscais da prefeitura vieram pedir a mim e ao Fabiano, que morava comigo, a documentação da área, papéis que eles sabiam não existir, e nos exigiram, em troca de sua conivência, uma propina, recusamos e, dois dias depois, soldados com marretas puseram a construção abaixo. Foi o melhor que nos aconteceu, pois a partir daquele dia os vizinhos se convenceram de que nós também éramos objetos, como eles, de abusos de autoridade.

Havia na favela um centro comunitário. Passei a frequentá-lo. Fiz um voto de silêncio de seis meses. Queria antes ouvir do que falar, aprender do que ensinar. Muitas estultices eu teria proferido se não fosse aquele voto, pois, muitas vezes, julgando-me mais sábios do que eles, os moradores me pediam opiniões. Às suas interrogações eu respondia com novas interrogações.

Foi através dos jovens, com quem organizei um grupo de teatro para encenar episódios bíblicos, que mais facilmente cheguei às famílias. Logo, tínhamos ali uma pequena comunidade eclesial que se reunia uma vez por semana. Segundo o método Ver/Julgar/Agir, bastava iniciar a reunião pela pergunta: "Como foi a sua vida, desde a última reunião, no trabalho, no bairro e na família?"

Por mais iletrada que fosse a pessoa, ela sabia responder a essas questões. E na medida em que cada um falava, desenhava-se aos olhos de todos a conjuntura da região e do bairro, e emergiam os problemas comuns vividos por aquelas famílias.

Um exemplo: todos se queixavam da dificuldade de transportes para ir do bairro ao trabalho (Ver). Diante desse *fato da vida* buscávamos, na Bíblia, o *fato da fé*. Como Jesus reagiria à dificuldade de transporte? (Julgar)

É óbvio que a questão precípua não se coloca no relato evangélico, mas este sublinha o direito de todos a uma vida digna, e vida em plenitude (Jo 10,10). Projetada a luz da revelação (tirar o véu) no chão da vida, partia-se para o Agir: organizar um movimento popular para lutar pela melhoria do transporte urbano. Assim, as CEBs se transformaram em sementeiras de movimentos populares.

A reflexão que se fazia entre o *fato da vida* e o *fato da Bíblia* engendrava a matéria-prima do que se tornaria conhecido como Teologia da Libertação. Nesse sentido que se diz que a Teologia da Libertação é *ato segundo*. O *ato primeiro* é a reflexão de fé das comunidades. Esta é a matéria-prima que, sistematizada pelos teólogos organicamente vinculados a elas, como diria Gramsci, nutre a teologia que se faz a partir do mundo dos oprimidos, cuja principal aspiração é libertar-se da miséria e da pobreza. Sobretudo ao descobrirem que Deus é Pai/Mãe e nos criou para vivermos como uma família cujos membros são diferentes, sem que, no entanto, deixem de ter acesso às mesmas oportunidades e aos mesmos direitos.

Nessa ótica pedagógica, evangelizar não consiste em apenas angariar adeptos para a instituição eclesiástica. Consiste sobretudo em incutir nas pessoas os valores evangélicos elencados no Sermão da Montanha: despojamento, luta pela paz, misericórdia, pureza de coração, fome e sede de justiça, confiança sob perseguições etc. Mais do que a profissão de fé que possam expressar, interessa a capacidade de amar, de se doar à causa dos pobres, à busca de libertação, de uma nova sociedade, um "outro mundo possível", no qual todos vivam com liberdade, justiça, dignidade e paz.

Católicos e evangélicos

Nos últimos anos, houve diminuição do número de católicos no Brasil e aumento de protestantes (adeptos das Igrejas históricas) e evangélicos (adeptos das Igrejas pentecostais e neopentecostais).

No censo de 2000, 73,6% da população eram formados por católicos, e apenas 15,4% de protestantes e evangélicos. No censo de 2010, os católicos representavam 64,6% e os protestantes e evangélicos, 22,2%. Em dez anos, o número de protestantes e evangélicos no país aumentou 61,45%. Hoje, eles são 42,3 milhões. Estima-se que, a cada ano, são abertos, no Brasil, 14 mil novos templos evangélicos.

Os evangélicos se dividem em Igrejas protestantes tradicionais ou históricas (luterana, presbiteriana, batista, anglicana, metodista etc.); pentecostais (Assembleia de Deus, Presbiteriana Renovada etc.); e neopentecostais (Universal do Reino de Deus, Sara Nossa Terra, Internacional da Graça de Deus etc.). A maioria dos neopentecostais se encontra nas periferias das cidades, e 63,7% recebem por mês no máximo um salário-mínimo. Daí o interesse pela Teologia da Prosperidade, que propõe como valor religioso a ascensão social dentro da mobilidade urbana.

Enquanto a pregação católica centra-se no dogmatismo (no que se deve crer), a neopentecostal está focada no pragmatismo (o caráter utilitário da fé para se alcançar benefícios, desde emprego até a cura de doenças). Daí o lema adotado pela principal Igreja neopentecostal, a Universal do Reino de Deus – "Pare de sofrer". É uma pregação muito colada na autoajuda.

Tal fenômeno se deve ao êxodo rural, à urbanização desordenada, à quebra de vínculos familiares tradicionais, ao inchamento das periferias e à massificação dos meios de comunicação, fatores que estão na origem da explosão evangélica.

Mais recentemente há que considerar os 34 anos de pontificados conservadores de João Paulo II e Bento XVI, que inibiram, na esfera católica, a Igreja dos Pobres, às vezes duramente reprimida, bem como o seu fundamento teórico, a Teologia da Libertação. No entanto, jamais foram condenados.

Católicos das periferias urbanas e rurais que não se sentiam mais acolhidos em Comunidades Eclesiais de Base (CEBs) e pastorais populares trataram de migrar para os espaços evangélicos. E o fizeram por duas razões básicas: a ânsia de encontrar possíveis soluções para seus problemas crônicos (enfermidades, desemprego, carência de identidade nos grandes centros metropolitanos etc.), e o mal-estar quando chamados a frequentar os templos católicos, predominantemente ocupados pela classe média, e no qual reina o clericalismo.

Para as Igrejas evangélicas, qualquer sala ou galpão pode ser transformado em local de culto. E muitos templos mantêm as suas portas abertas 24 horas por dia, o que é impensável em se tratando de templos católicos. Em uma paróquia católica não é fácil ser atendido por um sacerdote, ainda que no período vespertino.

Nos cultos evangélicos há participação de fiéis. O que fascina é o Deus da misericórdia que cura, conforta, perdoa, ajuda a obter emprego, traz prosperidade e une a família. Deus que liberta o fiel dos vícios, do adultério, do pecado, enfim, das garras do diabo... Espiritualidade que penetra fundo no coração e no bolso do fiel...

Nesse mundo de perdição, a Igreja desponta como uma ilha de salvação individual, na qual cada fiel se sente um eleito do Senhor. E ao demonstrar vocação para a música, seja o canto, seja o domínio de um instrumento musical, o fiel é valorizado pela comunidade religiosa.

Já na Igreja Católica muitos entraves dificultam a adesão dos mais pobres. Reina o clericalismo, quase tudo é centrado na figura patriarcal do sacerdote, e as mulheres participam como meras figurantes. Não há mulheres diaconisas ou sacerdotes, quanto mais revestidas de caráter episcopal.

Mercado da fé

Como os supermercados, as Igrejas disputam clientela. A diferença é que eles oferecem produtos mais baratos e, elas, prometem alívio ao sofrimento, paz espiritual, prosperidade e salvação.

Por enquanto, não há confronto nessa competição. Há, sim, preconceitos explícitos em relação a outras tradições religiosas, em especial as de raízes africanas, como o candomblé e a macumba, e ao espiritismo.

Se não cuidarmos agora, essa demonização de expressões religiosas distintas da nossa pode resultar, no futuro, em atitudes fundamentalistas, como a "síndrome de cruzada", a convicção de que, em nome de Deus, o outro precisa ser desmoralizado e destruído.

Quem mais se sente incomodada com a nova geografia da fé é a Igreja Católica. Nos últimos anos, o número de católicos no

Brasil decresceu e nada indica que haveremos de recuperar terreno em futuro próximo.

A Igreja Católica não consegue se modernizar. Sua estrutura piramidal faz com que tudo gire em torno das figuras de bispos e padres. Os demais são coadjuvantes. Aos leigos não é dada formação, exceto a do catecismo infantil. Compare-se o catecismo católico à escola dominical das Igrejas protestantes históricas e se verá a diferença de qualidade.

Crianças e jovens católicos têm, em geral, quase nenhuma formação bíblica e teológica. Por isso, não raro encontramos adultos que mantêm uma concepção infantil da fé. Seus vínculos com Deus se estreitam mais pela culpa do que pela relação amorosa.

Considere-se a estrutura predominante na Igreja Católica: a paróquia. Encontrar um padre disponível às três da tarde é quase um milagre. No entanto, há igrejas evangélicas onde pastores e obreiros fazem plantão toda a madrugada.

Não insinuo assoberbar ainda mais os padres. A questão é outra: Por que a Igreja Católica tem tão poucos pastores? Todos sabemos a razão: ao contrário das demais Igrejas, ela exige de seus pastores virtudes heroicas, como o celibato. E exclui as mulheres do acesso ao sacerdócio. Tal clericalismo trava a irradiação evangelizadora.

O argumento de que assim deve continuar porque o Evangelho o exige não se sustenta à luz do próprio texto bíblico. O principal apóstolo de Jesus, Pedro, era casado (Mc 1,29-31); e a primeira apóstola era uma mulher, a samaritana (Jo 4,28-29).

Enquanto não se puser um ponto-final à desconstrução do Concílio Vaticano II, realizado para renovar a Igreja Católica, os leigos continuarão como fiéis de segunda classe. Muitos não têm vocação ao celibato, mas sim ao sacerdócio, como acontece nas Igrejas anglicana e luterana.

Ainda que Roma insista em fortalecer o clericalismo e o celibato (malgrado os escândalos frequentes), quem conhece uma paróquia efervescente? Elas existem, mas, infelizmente, são raras. Em geral, os templos católicos ficam fechados de segunda a sexta (Por que não aproveitar o espaço para cursos ou atividades comunitárias?); as missas são desinteressantes; os sermões, vazios de conteúdo. Onde os cursos bíblicos, os grupos de jovens, a formação de leigos adultos, o exercício de meditação, os trabalhos voluntários?

Em que paróquia de bairro de classe média os pobres se sentem em casa? Não é o caso das Igrejas evangélicas, basta entrar numa delas, mesmo em bairros nobres, para constatar quanta gente simples ali se encontra.

Aliás, as Igrejas evangélicas sabem lidar com os meios de comunicação, inclusive a TV aberta. Pode-se discutir o conteúdo de sua programação e os métodos de atrair fiel. Mas sabem falar uma linguagem que o povo entende e, por isso, alcançam tanta audiência.

A Igreja Católica tenta correr atrás com as suas showmissas, os padres aeróbicos ou cantores, os movimentos espiritualistas importados do contexto europeu. É a espetacularização do sagrado; fala-se aos sentimentos, à emoção, e não à razão. É a semente em terreno pedregoso (Mt 13,20-21).

Não quero correr o risco de ser duro com a minha própria Igreja. Não é verdade que ela não tenha encontrado novos caminhos. Encontrou-os, como as Comunidades Eclesiais de Base. Infelizmente não são suficientemente valorizadas por ameaçarem o clericalismo.

É melhor ser ateu?

Em uma missa, em Roma, o papa Francisco citou o caso do empresário italiano, tido como católico exemplar, cujos empregados ameaçavam entrar em greve por melhores salários, enquanto o patrão desfrutava de férias em uma praia asiática. O pontífice frisou que é melhor ser ateu do que se professar católico e levar uma vida dupla.

"O que é escândalo?", indagou Francisco. "É dizer uma coisa e fazer outra." E lembrou que há quem diga "sou muito católico, vou sempre à missa, pertenço a essa ou aquela associação e, por outro lado, essa pessoa não leva uma vida cristã, não paga o salário justo, explora as pessoas, faz negócios escusos, lava dinheiro. Tantos católicos são assim, e isso escandaliza."

Francisco resgata uma dimensão teológica sonegada na tradição cristã devido ao individualismo moderno exacerbado pelo capitalismo: o pecado social. Para muitos cristãos, pecados são apenas atos pessoais antiéticos baseados no decálogo mosaico: desonrar os pais, mentir, roubar, matar ou praticar o adultério. Não avançam do Antigo para o Novo Testamento, no qual Jesus se compara aos oprimidos (Mt 25) e frisa até mesmo a dimensão econômica do pecado ao derrubar as mesas dos cambistas no Templo de Jerusalém.

A causa dessa miopia teológica, que impede muitos cristãos de enxergarem a dimensão social do pecado, reside na ideologia hegemônica no Ocidente que legitima a acumulação privada da riqueza em detrimento do direito à vida de bilhões de pobres. Segundo a Oxfam (*O Globo*, 16/01/2017), apenas oito empresários detêm renda superior (US$ 426 bilhões) à de metade da humanidade, ou seja, 3,6 bilhões de pessoas (US$ 409 bilhões).

Na terceira versão do clássico do faroeste *Sete homens e um destino*, dirigida por Antoine Fuqua, o vilão Bartholomew Bogue (Peter Sarsgaard) tenta se justificar dentro da igreja de Rose Greek: "Há muito que este país igualou a democracia com o capitalismo. E o capitalismo com Deus".

Francisco tem toda a razão ao enfatizar que é mais coerente negar a crença em Deus e, portanto, rechaçar a ética judaico-cristã do que professar uma fé que não resulta em frutos de justiça. Isso não significa que os ateus não tenham ética. Pelo contrário. O papa assinalou que os cristãos devem encarar os ateus como pessoas boas se eles promovem o bem.

As Igrejas cristãs deveriam aproveitar a Quaresma, tempo de penitência e reconciliação, para um profundo exame de consciência. Como agem diante da tantos filhos e filhas de Deus excluídos de uma vida digna por essa sociedade que prioriza a competitividade e não a solidariedade? Como reagem ao fato de o Brasil contar, hoje, com milhões de desempregados? Se o verdadeiro templo de Deus é o ser humano, por que tantos gastos com a construção de templos de pedra? Por que isentar as Igrejas de pagar impostos e favorecer a lavagem de dinheiro se cidadãos e instituições são todos obrigados a contribuir financeiramente para o bem comum?

Certa vez a revista *Paris Match* perguntou a seus leitores qual a diferença entre empresários burgueses, sem religião, e católicos? A pesquisa apurou uma única diferença: os segundos costumam ir à missa aos domingos. De resto, seguem a mesma lógica de acumulação privada, insensíveis aos refugiados, aos empobrecidos e aos desempregados.

Francisco tem razão: não é a fé que define nossas convicções, nosso caráter, nosso sentido de vida. É o amor. "E quem ama conhece a Deus", diz a carta do apóstolo João. E podemos acrescentar: ainda que nele não creia. "Nem todo aquele que diz 'Senhor, Senhor' entrará no Reino dos Céus, e sim quem põe em prática a vontade de meu Pai" (Mt 7,21).

Minha fé no ser supremo

Minha fé cristã tem paralelo com a história das ideias. Criança, eu acolhia como óbvio que Deus criara a árvore, assim como todas as coisas existentes.

Depois, passei a crer que Ele fizera, não a árvore, e sim a semente, da qual brotou a árvore. Adão e Eva são apenas figuras emblemáticas para atestar que somos todos filhos e filhas de Deus. Deixei de ser criacionista.

Adão significa, em hebraico, terra; Eva, vida. O autor bíblico quis sinalizar que a vida veio da terra, confirma hoje a ciência.

Sei, hoje, que a semente é o ovo primordial que deu origem ao *Big Bang*. Ali, naquele miolo de densíssima energia, estava contida toda a criação. Aderi ao Deus de Aristóteles, a causa primeira. E aprendi com Santo Agostinho que Deus nos legou dois livros: a natureza e a Bíblia. O segundo nos faz entender o primeiro. Hoje, o papa Francisco vai mais longe e afirma, na encíclica *Laudato Si*, que a natureza também é fonte de revelação divina (85).

Do Deus Providencial passei pelo Deus Artífice e, afinal, cheguei ao Deus Amoroso. Para tanto, atravessei um estágio ateu. Deixei de crer no Deus "lá em cima", o Deus que regula sincronicamente os movimentos do Universo. Este Deus se apagou da minha fé na medida em que me aproximei de Jesus.

Antes, eu tinha Jesus na conta do Filho que o Pai enviara para redimir o pecado do mundo. Pobre Filho, destinado a lavar com o seu sangue inocente os nossos pecados! Que Deus é este, que aplaca a ofensa sofrida ao ver o Filho dependurado na cruz diante da dor incomensurável de Maria, sua mãe?

A equação se inverteu em minha cabeça. Jesus é quem me revela Deus. Agora, subo da terra para o céu, do humano para o divino, do Filho para o Pai/Mãe. Não creio senão no Deus de Jesus. E para mim nada significa ter fé em Jesus. Busco ter a fé de Jesus.

Assim, chego ao estágio atual de minha crença. Na fé de Jesus o ser supremo não era Deus, com quem Ele tinha relações de familiaridade amorosa. Era o ser humano. Jesus acreditava que o ser humano é imagem e semelhança de Deus. Este só pode ser adorado, servido e amado no ser humano.

Por isso, toda ofensa ao ser humano é uma ofensa a Deus. Todo preconceito, toda discriminação ou segregação é rejeitar Deus. Toda injustiça cometida contra o ser humano é uma profanação do templo vivo de Deus.

O amor, como mandamento maior, não é uma questão de sentimento, devoção ou piedade. É uma questão de justiça, solidariedade e partilha. Toda religião, portanto, se resume em cuidar do ser humano e da natureza como seres sagrados. E toda espiritualidade consiste em deixar que o Espírito quebre as resistências de nosso egoísmo e nos mova na direção do ser supremo e de seu contorno ambiental, de modo a fazê-los transcender da injustiça à justiça, da opressão à libertação, da dor à felicidade, da morte à vida.

A crise civilizatória e o papel da ética

Cultura espiritual é sinônimo de ética. Para o grego, *ethos* significa a casa no sentido amplo do habitat do ser humano, tanto a natureza quanto a vida social. *Ethos* é uma casa em construção, e nela o ser humano se pergunta pelo sentido de si mesmo, pelo rumo e objetivo do projeto que assume. A ética é, pois, um processo pelo qual conquistamos a nossa humanidade, construímos a nossa casa, ou seja, a nossa identidade como pessoa (ser político), e como classe social, povo e nação.

A humanização de si, dos outros e do mundo é um permanente vir a ser, do ponto de vista assinalado por Teilhard de Chardin: tanto mais nos humanizamos quanto mais nos espiritualizamos. E a nossa espiritualização é uma questão ética antes de ser uma opção religiosa.

O ser humano tem duas atitudes perante a vida: viver da tradição ou da inovação. Vive da tradição aquele que se submete ao mundo no qual se insere sem questioná-lo ou se questionar nele. É a tendência predominante nesse mundo *globocolonizado* em que vivemos hoje. O modo da tradição é próprio dos animais, incapazes de inovar seu habitat. Estão atavicamente presos à natureza.

Ao ser humano é dado o poder de inovar, distanciar-se da natureza e de si próprio, se perguntar pelo sentido da vida e pelos valores a serem assumidos diante do leque de opções que se abre à sua liberdade. Pois somos essencialmente seres históricos chamados a fazer história.

Liberdade não é dar vazão aos desejos. Aliás, com frequência os nossos desejos não são propriamente nossos. São desejos dos outros incutidos em nós pela publicidade e pelos modismos. Livre é aquele que se distancia da tradição, das pressões circundantes e, ao se indagar pelo sentido, atua segundo a inteligência. A Modernidade prefere dizer: atua segundo a razão. Ora, "a razão é a imperfeição da inteligência", alertou Santo Tomás de Aquino. O conhecimento não se dá apenas pela razão; envolve a intuição, os sentimentos, as emoções, o senso estético etc. Assim, a ética nasce, não do *logos*, mas do *pathos*, ali onde reside a emoção. Nasce da terra fértil da subjetividade, na qual se fortalecem as raízes de nossos valores e princípios.

A razão é a estância intermediária entre o *pathos* e a contemplação, a suprema forma de conhecimento, aquele que nos faz vivenciar o Real. Por não perceber essa diferença somos capazes de reconhecer a miséria e analisá-la (razão), mas nem sempre somos sensíveis a ela ou ficamos indignados diante dela, a ponto de atuar para erradicá-la (*pathos*).

Ética social

Sócrates foi condenado à morte por heresia, como Jesus. Acusaram no de pregar aos jovens novos deuses. De fato, a iluminação de Sócrates não lhe abriu os olhos diante do céu, e sim diante da Terra. Ele percebeu que não poderia deduzir do Olimpo uma ética para os humanos. Os deuses do Olimpo podiam explicar a origem das coisas, mas não ditar normas de conduta aos humanos.

A mitologia, repleta de exemplos nada edificantes, obrigou os gregos a buscar na razão os princípios normativos de nossa boa convivência social. A promiscuidade reinante no Olimpo podia ser objeto de crença, mas não convinha traduzir-se em atitudes; assim, a razão conquistou autonomia frente à religião. Em busca de valores capazes de normatizar a convivência humana, Sócrates apontou a nossa caixa de Pandora: a razão.

Se a nossa moral não decorre dos deuses, então somos nós, seres racionais, que devemos erigi-la. Em *Antígona*, peça de Sófocles, em nome de razões de Estado, Creonte proíbe Antígona de sepultar seu irmão Polinice. Ela se recusa a obedecer a "leis não escritas, imutáveis, que não datam de hoje nem de ontem, que ninguém sabe quando apareceram". É a afirmação da consciência sobre a lei, da cidadania sobre o Estado, do direito natural sobre o divino.

Sócrates defendia que a ética exige normas constantes e imutáveis. Não pode ficar na dependência da diversidade de opiniões. Platão trará luzes à razão humana ensinando-nos a discernir realidade e ilusão. Em *República*, ele lembra que para Trasímaco a ética de uma sociedade reflete os interesses de quem ali detém o poder. Conceito que será retomado por Marx e aplicado à ideologia. O que é o poder? É o direito concedido a um indivíduo ou conquistado por um partido ou classe social de impor a sua vontade aos demais. E Aristóteles nos arrancará do solipsismo ao associar felicidade e política.

Mais tarde, Tomás de Aquino, inspirado por Aristóteles, nos dará as primícias de uma ética política, priorizando o bem comum e valorizando a consciência individual como reduto indevassável, e a soberania popular como o poder por excelência. Maquiavel, na contramão, destituirá a política de toda ética, reduzindo-a ao mero jogo de poder e balcão de interesses, onde os fins justificam os meios.

O moderno e o pós-moderno

A crise civilizatória é um fenômeno singular, que nos situa no limiar de dois projetos civilizatórios distintos: o moderno e o pós-moderno.

Hoje, experimentamos algo que os nossos bisavós não conheceram: uma mudança de época. Eles conheceram períodos de mudanças. Não foram, como nós, contemporâneos de uma mudança de época.

Nos últimos dois milênios, a história do Ocidente foi marcada por duas grandes épocas: a Medieval e a Moderna. A primeira durou mil anos. A segunda, a metade da primeira.

O que caracteriza uma época é o seu paradigma. O da época Medieval era a religião. A centralidade da fé cristã favoreceu a hegemonia política da Igreja. Toda a cosmovisão da Idade Média esteve marcada por fatores religiosos e noções teológicas.

Essa religiosidade incutiu nas pessoas uma ética fundada na noção de pecado, no medo do inferno e na esperança de se alcançar uma feliz vida eterna após a morte. Isso não significa que os medievais fossem isentos de atitudes antiéticas. Pelo contrário, a falta de liberdade de expressão e de pluralismo político favoreceu a intolerância religiosa manifestada pela Inquisição, na execução de supostos hereges, bem como as empresas colonialistas que, travestidas de Cruzadas, saquearam terras e riquezas de povos tidos como ímpios ou inimigos da fé cristã.

Entre os séculos XIII e XV, a época Medieval ruiu por influência da nova cosmologia de Copérnico, que desbancou a de Ptolomeu; das navegações marítimas da Península Ibérica; do descobrimento do Novo Mundo; da introdução, na Europa, das obras de Platão e Aristóteles; e do acervo científico trazido pelos árabes – foram alguns dos fatores que puseram em xeque o paradigma medieval e, aos poucos, introduziram o novo paradigma que sustentaria a Modernidade, a razão e as suas duas filhas diletas, a ciência e a tecnologia.

A Modernidade, com Kant, buscou escapar dos parâmetros religiosos, fundando a ética em valores subjetivos e universais. Porém, alguns de seus filósofos mais importantes, como Husserl, Heidegger e Whitehead, não deram importância à questão ética. Exceções notáveis são Bergson e Scheller.

Para Kant, a grandeza do ser humano não reside na técnica, em subjugar a natureza, e sim na ética, na capacidade de se autodeterminar a partir de sua liberdade. Há em nós um senso inato do dever e não deixamos de fazer algo por ser pecado, e sim por ser injusto. E a ética individual deve se complementar pela ética social, já que não somos um rebanho de indivíduos, mas uma sociedade que exige, à sua boa convivência, normas e leis e, sobretudo, a cooperação de uns com os outros.

Hegel e Marx acentuarão que a nossa liberdade é sempre condicionada, relacional, pois consiste numa construção de comunhões, com a natureza e os nossos semelhantes. Porém, a injustiça torna alguns dessemelhantes.

Nas águas da ética judaico-cristã, Marx ressalta a irredutível dignidade de cada ser humano e, portanto, o direito à igualdade de oportunidades. Em outras palavras, somos tanto mais livres quanto mais construímos instituições que promovam a felicidade de todos.

A filosofia moderna fará uma distinção aparentemente avançada e que, de fato, abre novo campo de tensão ao frisar que, respeitada a lei, cada um é dono de seu nariz. A privacidade como reino da liberdade total. O problema desse enunciado é que desloca a ética da responsabilidade social (cada um deve preocupar-se com todos) para os direitos individuais (cada um que cuide de si).

Essa distinção ameaça a ética de ceder ao subjetivismo egocêntrico. Tenho direitos, prescritos em uma *Declaração Universal*, mas e os deveres? Que obrigações tenho para com a sociedade em que vivo? O que tenho a ver com o faminto, o oprimido e o excluído? Daí a importância do conceito de cidadania. As pessoas são diferentes e, em uma sociedade desigual, tratadas segundo sua importância na escala social. Já o cidadão, pobre ou rico, é um ser dotado de direitos invioláveis e deveres para com o bem comum, e está sujeito à lei como todos os demais.

A crise da Modernidade

Todos nós, contemporâneos deste início do século XXI, somos filhos da Modernidade. Em seu advento, entre os séculos XV e XVI, brotou um grande otimismo quanto ao futuro da Modernidade. Acreditou-se que ela poria fim às guerras, à peste, à fome e a tantos males que afetavam os medievais. Otimismo expressado nas obras de Voltaire, Thomas Morus, Campanella, entre outros.

A Modernidade produz uma cisão entre a ética e a política. Privatizava-se a ética, que se restringe às virtudes assumidas pelo indivíduo, enquanto a política se afirma como um campo que prescinde de eticidade. E se torna mera ferramenta de busca e permanência no poder, como se ele contivesse um fim em si mesmo.

Hoje, somos a última geração moderna. Podemos olhar para trás e fazer o balanço da Modernidade. Há que reconhecer que, nos últimos 500 anos, a humanidade alcançou grandes avanços, do saneamento básico à comunicação digital. Chegamos a pôr os pés na face da Lua e, no entanto, continuamos incapazes de fazer pousar nutrientes essenciais no organismo de milhares de crianças, cujas vidas são precocemente ceifadas devido à fome.

A Modernidade foi atropelada pelo capitalismo. A "ética" dos resultados substituiu a ética dos princípios. Em nome do desenvolvimento, do progresso, do crescimento econômico e da paz, implantaram-se o colonialismo e o neocolonialismo; disseminaram guerras; construíram arsenais nucleares; piramidizaram a riqueza mundial; impuseram ao planeta, através da *globocolonização* imperialista, um único modelo de sociedade, o do consumismo hedonista, que induz as pessoas a trocarem a liberdade pela segurança.

Somos, hoje, pouco mais de 7 bilhões de habitantes na Terra, dos quais quase a metade carece de condições dignas de vida. Em matéria de ética, estamos, como diria Guimarães Rosa, na terceira margem do rio. Abandonamos a ética religiosa da época Medieval, fundada na noção de pecado, e ainda não conseguimos alcançar a ética socrática baseada na razão. Esse vácuo é que permitiu ao capitalismo desfigurar os fundamentos da Modernidade, esgarçar as grandes narrativas, proclamar o "fim da história" e disseminar a falácia que tenta nos impor a ideia da conaturalidade entre democracia e capitalismo. Esse vácuo abriu espaço para que a competitividade fosse erigida em valor e virtude, descartando a solidariedade.

Há que fazer a crítica da razão monetarista! É ela que pretende que sejamos todos consumistas, e não cidadãos; meros joguetes entregues à mão invisível do mercado, e não protagonistas sociais; e adeptos da fé no fim da história, ou seja, da imaculada concepção de que o capitalismo é dotado de predicados divinos: eterno, onipresente, onisciente e onipotente.

A pergunta fundamental que se nos impõe hoje é: Qual será o paradigma da Pós-Modernidade? O mercado, a mercantilização de todos os aspectos da vida humana e da natureza, ou a globalização da solidariedade?

Temo que o mercado prevaleça, a menos que sejamos capazes de aglutinar forças para uma poderosa mobilização em torno de uma nova proposta ética, fundada em dois princípios básicos: a irredutível sacralidade de toda a vida humana, e a partilha dos bens da Terra e dos frutos do trabalho humano.

A vida humana extrapola toda ideologia, filosofia ou teologia. Ela é um milagre da natureza, considerando as excepcionais condições ambientais que permitiram o seu aparecimento, e para nós cristãos, um dom de Deus. Há que frisar que, hoje, essas condições estão ameaçadas pela devastação da natureza. O apocalipse pode ser antecipado pela "vingança de Gaia", como adverte James Lovelock.

Só a firme convicção de que temos todos, sem exceção, inclusive o criminoso mais incorrigível, o direito à vida, é capaz de nos levar à superação de todo tipo de preconceito ou exclusão. A ética exige justiça e, portanto, que se puna o criminoso em nome da defesa dos direitos da comunidade. Porém, a vida do criminoso é o limite da lei. Ela não deve ser suprimida e nem a ele negada a sua dignidade humana por meio de tortura ou condições abjetas de encarceramento.

Isso se aplica a todas as outras formas de relações sociais e, portanto, implica o fim de toda forma de opressão, desde a relação interpessoal e de gênero, como no matrimônio, às relações institucionais de trabalho, nas quais a dignidade humana deve prevalecer sobre a ambição de lucratividade e a solidariedade se sobrepor à competitividade.

Essa dimensão relacional deve ser complementada pela dimensão social da ética. A humanidade não tem futuro sem a partilha dos bens da Terra e dos frutos do trabalho humano. Esta é uma questão aritmética que depende de um desafio ético: ou asseguramos a todos os meios suficientes a uma vida digna, incluindo as condições socioambientais, ou caminharemos rumo à barbárie, como alertou Thomas Piketty, ou seja, a concentração de renda em mãos de cada vez menor número de afortunados levará a humanidade a um colapso, pois os povos das nações periféricas afetadas pela guerra, a falta de trabalho, moradia e alimentação suficiente, procurarão sempre mais se refugiar nos países ricos. E os recursos naturais, como a água potável, serão cada vez mais escassos e monopolizados por grandes empresas transnacionais. Em suma, a progressiva privatização dos recursos naturais terá, com efeito, a progressiva exclusão de grandes contingentes humanos do acesso aos bens essenciais à vida.

A natureza antiética do capitalismo foi explicitada por Joseph Schumpeter ao defender, em 1912, que o seu motor é a "destruição criadora", ou seja, cabe ao mercado descartar os empreendimentos e as pessoas que não são suficientemente produtivas e, assim, obrigar os fracos a ceder o lugar aos fortes. Esse darwinismo social abriu espaço ao surgimento da competição desenfreada. E serve de justificativa às guerras.

Sem ética não haverá avanço civilizatório. Sem ética o homem se tornará, de fato, o lobo do homem. Sem ética o capitalismo se fortalecerá e a ambição de lucro e a apropriação privada da riqueza se tornarão mais importantes do que a defesa e a preservação dos direitos humanos.

Não haverá sociedade ética enquanto houver capitalismo.

A esquerda e a ética

A credibilidade da esquerda depende sobretudo de sua atitude ética. Fidel insistia neste princípio: "Um revolucionário pode perder tudo, a liberdade, os bens, a família, a própria vida, menos a moral".

No século XX, era costume entre integrantes da esquerda a prática da autocrítica. Guardadas as proporções, tal prática tinha a sua origem no ato penitencial dos cristãos ao reconhecerem seus pecados. Ao ascender ao poder na União Soviética, Stalin se arvorou em único senhor da crítica. A "autocrítica" se tornou compulsória e se traduziu em expurgos e assassinatos.

Hoje, a falta de mecanismos que propiciem autocrítica frequente faz com que muitos segmentos progressistas percam o senso crítico. Sobretudo quando assumem o governo e se deixam cegar pela ilusão de que exercem o poder. Ora, nem sempre o poder ocupa o governo, mas exerce sobre ele pressão – econômica, social, política e ideológica – que só pode ser contida e vencida por outra instância que o supere – o poder popular.

Nas últimas décadas, os avanços conquistados por governos progressistas na América Latina são significativos quanto às suas dimensões econômicas, sociais, políticas e ambientais. O mesmo não se pode dizer quanto à dimensão ética. Houve falhas que comprometeram a credibilidade do processo de mudanças e de algumas de suas lideranças. Talvez Jesus, Gandhi, Luther King e Mandela não tenham tido, historicamente, o êxito que esperavam. Porém, seus testemunhos éticos se eternizam como referências exemplares de conduta militante e do valor das causas que encarnaram.

O desafio de futuro, portanto, para a emancipação da América Latina é associar um profundo processo de mudanças estruturais que, progressivamente, a liberte da hegemonia capitalista, somada a atitudes éticas que ressaltem a diferença em relação aos inimigos de classe. Isso, entretanto, não pode depender apenas de virtudes pessoais. Urge criar mecanismos institucionais que impeçam desvios éticos. Há que esperar, não a ética *dos* políticos, mas a ética *da* política, ou seja, de uma institucionalidade governamental que iniba todos os procedimentos favoráveis a privilégios pessoais e lesivos aos interesses e direitos da coletividade.

É possível ser ético?

Pode ser estancada a corrupção que cria relação promíscua entre Estado e interesses privados? Depende. Não bastam leis. É preciso criar mecanismos de rigorosa aplicação das leis. E ainda que existam, seus operadores podem se omitir graças à corrupção.

Qual a saída? Basta olhar em volta. Todos conhecemos pessoas éticas. Que antídotos têm contra a corrupção? Outrora, os preceitos religiosos. A noção de pecado. Não havia como o fiel se esconder do olho divino. Seus mais íntimos atos, até pensamentos, eram contabilizados pela Providência a favor de sua salvação ou perdição.

A sociedade se secularizou. Na expressão de Max Weber, se desencantou. Ainda que muitos admitam crer em Deus, há quem não dê a menor importância aos preceitos religiosos. Vide a América Latina, o mais cristão de todos os continentes. E, no entanto, o mais desigual e injusto.

Não se pode esperar, portanto, que a sociedade ocidental do século XXI volte à ética fundada na noção de pecado. Onde a solução?

Sócrates deu a resposta. Sabia que a ética de todos os povos que lhe eram contemporâneos, ou que o precederam, derivava de oráculos divinos. Grego, ele também olhou para o céu de sua cultura, o Olimpo. Verificou que, dali, não havia como extrair princípios éticos. O Olimpo era visceralmente antiético. Então Sócrates recorreu a outra fonte: a razão humana. Sua ousadia foi considerada blasfêmia; seu exemplo, herético; e sua culpa, digna da pena de morte. Há, no entanto, quem viva socrática e kantianamente coerente com seus princípios éticos.

Estamos hoje na terceira margem do rio. Saímos da margem da ética baseada na fé e ainda não chegamos à margem da ética fundada na razão.

Esse limbo ético é agravado pela ideologia neoliberal capitalista, que situa os interesses privados acima dos direitos coletivos; a competitividade mais importante que a solidariedade; a apropriação privada dos bens um direito, e uma aberração a socialização dos bens da Terra e dos frutos do trabalho humano.

As ciências ajudariam? Elas se divorciaram da ética. O maior atentado terrorista de todos os tempos, as bombas atômicas atiradas contra Hiroshima e Nagasaki, foram construídas por cientistas altamente qualificados. Como os agrotóxicos que envenenam nossos alimentos, ou a lógica das ciências econômicas, centrada na prevalência do capital privado.

A política também se divorciou da ética. Segundo Lévinas, a política deveria ser controlada pela ética. Porém, transformou-se em balcão de negócios. Daí o pânico dos políticos com os desdobramentos da Lava Jato. A caverna de Ali Babá foi invadida por holofotes.

Ética não é questão de moralismo. É questão de princípios e estruturas sociais. Há quem seja educado com o próximo e, no entanto, procure um jeito de pagar a seus empregados cada vez menos, de modo a acumular mais riqueza. Há quem injete recursos no cassino do mercado financeiro e seja incapaz de socorrer com dinheiro um parente ou amigo enfermo.

Não creio em ética dos políticos (ou dos padres, pastores e qualquer outra condição humana). Temos todos defeito de fabricação, o que a Bíblia chama de pecado original. Há que se obter a ética da política, ou seja, criar instituições que, malgrado a fraqueza humana e a vontade de corromper ou ser corrompido, impeçam que o desejo se transforme em ato.

Os princípios éticos devem estar enraizados em uma cultura holística. Ética sistêmica, ambiental, que considere a relação do ser humano com a natureza e seus semelhantes. Ética que resgate a sacralidade da Mãe Terra e favoreça a cidadania de direitos, e não de bens.

Tal ética só será possível se ancorada na espiritualidade. Não me refiro à religião, e sim à fonte das religiões: as motivações altruístas que regem a nossa relação com o próximo, a natureza, o Transcendente e consigo mesmo.

Ainda que a pessoa seja ateia, há nela uma emulação espiritual que norteia suas atitudes. O desafio é evitar que essa emulação seja egocêntrica, e lograr que se volte à solidariedade, ao amor, à justiça e à compaixão.

Fora disso, o projeto humano pode ser considerado um rotundo fracasso.

Dor e sofrimento

Dor é uma lesão física, no joelho ou na cabeça. Pode ser aplacada ou eliminada com analgésicos. Em casos extremos, até mesmo com morfina. Sofrimento é uma lesão na alma, algo que perdura até que se possa estar em paz consigo e com o próximo.

A dor é causada por uma ferida, física ou psicossomática, nos órgãos externos ou internos. Já o sofrimento é a erosão do espírito e suas causas são mais difíceis de serem combatidas: ruptura afetiva; ofensa; desmoralização ética; omissão; perda de ente querido; humilhação; derrota etc.

Para a dor há farmácias e hospitais. Para o sofrimento, terapias e religiões. Aliás, a psicanálise se assemelha ao sacramento da penitência. E os dois objetivam a reconciliação da pessoa pelo menos consigo mesma.

O cristianismo e, mais tarde, a tradição comunista cultivaram a cultura da resistência ao sofrimento, imprimindo-lhe sentido altruísta. O mártir teve o mérito de se igualar a Jesus Cristo. O militante que resistiu a torturas foi o herói que ousou enaltecer a causa coletiva acima de sua sobrevivência individual.

Posteriormente, o cristianismo, acomodado no poder, cometeu o grave equívoco de sacralizar o sofrimento. Aos escravos e oprimidos prometia o céu se suportassem abnegadamente esse "vale de lágrimas". No Brasil colônia, pregava-se Jesus Crucificado à senzala, para que suportasse a chibata, e o Coração de Jesus à casa grande, para que abrisse portas e bolsos às obras da Igreja...

Não é fácil evitar o sofrimento objetivo, a menos que se lhe combatam as causas: injustiça, opressão, abuso de autoridade, leis injustas, privilégios etc. Porém, pode-se aplacá-lo subjetivamente, mediante dois grandes recursos ensinados por Buda e Jesus.

Quinhentos anos antes de Cristo, Buda descobriu que o sofrimento se centra na mente. Sofremos porque deixamos o nosso espírito se impregnar de ódio, amargura, raiva, vingança, inveja etc. Sofremos por alimentar ambições desmedidas. Sofremos por dar asas à imaginação e acalentar desconfiança e preconceito.

Sofremos por nos ancorar no passado ou ceder à ansiedade de futuro, sem viver o presente como presente.

Buda ensinou que, pela meditação, somos capazes de controlar a mente, "a louca da casa", na expressão de Teresa de Ávila. Ao livrar a mente de fantasias e inquietações, nosso espírito se pacifica e a paz inunda o coração.

Jesus propôs, como forma de superar o sofrimento, o amor. Deixar-se amar por Deus (oração) e cuidar do próximo e da natureza. Dar a vida para que outros tenham vida. Assim, não sofre a família que se dedica amorosamente ao filho dependente químico; os pais que assumem com carinho o filho portador de deficiência; o coração que acolhe solidário o necessitado, o refugiado, o maltratado ou discriminado.

Morrer é transvivenciar

A morte de toda celebridade provoca impacto midiático. Por isso, os arquivos da mídia guardam obituários da rainha Elizabeth II e do papa Bento XVI, de Pelé e Neymar, de Demi Moore e Sebastien Vettel.

A morte nem sempre manda aviso prévio. Se uma celebridade deixa a vida por acidente, como Ayrton Senna e Lady Di, ou por causa inesperada, como Michael Jackson e Amy Winehouse, as redações precisam ter pronto o perfil biográfico do falecido.

Steve Jobs morreu aos 56 anos. O impacto é tanto maior quanto mais prematura e irreparável a perda: ainda não há como clonar cérebros de talentos geniais. Sabemos todos que ninguém é imortal. Em determinado dia, mês e ano do calendário cada um de nós deixará este mundo. O que choca é ver alguém morrer antes do tempo... Sobretudo quando se respira uma cultura de preconceito à velhice.

Chamar, hoje, alguém de velho é uma ofensa. No máximo, admite-se "idoso". E haja eufemismos para qualificar quem passou dos 60: terceira idade, melhor idade etc. Vi escrito numa van: "Aqui viaja a turma da dign/idade".

Como velho que sou, rejeito tais artimanhas da linguagem. A melhor idade é dos 20 aos 35 anos (embora a ditadura, ao encarcerar-me, tenha me roubado 4). Se é para inventar eufemismo, melhor ser realista e considerar, nós velhos, a turma da eterna idade, já que estamos naturalmente mais próximos dela...

Nossa cultura pós-moderna lida muito mal com a morte. Busca ansiosamente o elixir da eterna juventude: academias de ginástica, anabolizantes, macrobiótica, cirurgias plásticas etc. Na minha infância, criança era quem tinha de zero a 11 anos. Adolescente, de 11 a 18. Jovem, de 18 a 30. Adulto, de 30 a 50. Velho, mais de 50.

Hoje, tem-se a impressão de que criança é de zero a 18, quando se vive na dependência dos pais. Adolescente, de 18 a 30, sem segurança quanto a compromissos afetivos e profissionais. E, jovem, dos 30 em diante, ainda que se tenha 80 ou 90...

O mundo desencantou-se, disse Max Weber. Religiões e ideologias estão em crise. Pouco se pergunta pelo sentido *desta* vida e, portanto, muito menos o que nos espera na outra. A relativização de valores e a desculpabilização ética exorcizam o medo de padecer eternamente no inferno.

A morte, como fato social, é tratada como inconveniente: não há rituais fúnebres. Morre-se, faz-se breve velório, crema-se o corpo, espalham-se as cinzas ao pé de alguma árvore. E vira-se a página. Não há luto nem memória do falecido. E em famílias ricas não raramente a briga por herança começa antes de o defunto esfriar.

As escolas deveriam educar seus alunos quanto aos ritos de passagem inevitáveis ao longo da vida. Há famílias que cometem o erro de evitar que as crianças compareçam ao velório de entes queridos. Elas ficam com uma incômoda interrogação na cabeça frente ao "sumiço" do parente querido.

Não gosto do verbo morrer. Prefiro transvivenciar. Por uma questão de fé e sentimento. Quando nascemos, todos riem e nós choramos. Quando transvivenciamos, ocorre o contrário.

A vida é um milagre excepcionalmente belo para enclausurar-se nos poucos anos que nos são dados viver. Acredito que, ao sair do casulo, todos haveremos de virar borboletas – o que é ainda mais belo e promissor.

Anseio de imortalidade

Dia de Finados comemora os que findaram. Dia em que, em nosso coração, o ausente se faz presente. Saudades dos queridos parentes e amigos que já transvivenciaram.

A morte não é o avesso da vida. É o seu apogeu. Custa-nos admitir que haveremos de morrer. Sobretudo nessa sociedade tecnocientífica que exerce poderoso domínio sobre as forças da natureza e os limites do corpo humano. O anseio de imortalidade ganha espaço. E a morte vira tabu. É clandestinizada. Não se fala disso. Não se toca no tema nas escolas. Morrer é quase uma falta de educação, como levantar da mesa no meio do jantar e dar as costas aos comensais. Evita-se até o rito de passagem. Crema-se ou se enterra sem choro nem vela, sem fita amarela.

A cultura hedonista do neoliberalismo nos impele a abraçar o mito apolíneo. Haveremos de retardar a morte ingerindo o elixir da eterna juventude: malhação, dieta, cirurgias estéticas, medicamentos etc. Morreremos todos jovens...

Fora das religiões não há resposta para o nosso desenlace vital. A cristã comunga a fé dos discípulos que conviveram com Jesus. Foram testemunhas de sua ressurreição. Para os céticos, como Nietzsche, teriam criado uma fantástica ilusão para compensar o fracasso da morte ignominiosa do Mestre na cruz. Para os críticos literários, relatos intrigantes. Não são discursos doutrinários. São descrições de fatos. Um homem ressuscitado seria apresentado, em obra de ficção, com um corpo glorioso. No entanto, Tomé tocou as chagas do Ressuscitado. E este, onde aparece, pede comida. Tudo muito prosaico e literariamente contraditório. Porém, capaz de animar os discípulos a dar a volta por cima e professar que há, sim, vida após a morte.

Abatidas pelo sono, crianças fazem manha. Temem o não despertar. Todos nós, diariamente, mergulhamos nas trevas e, horas depois, acordamos revitalizados. Prenúncio de ressurreição.

Contudo, não foi para nos garantir vida eterna que Jesus se fez presente entre nós. Foi para nos incentivar a resgatar o paraíso perdido e ser feliz nesta terra. "Vim para que todos tenham vida e vida em plenitude" (Jo 10,10). Não é a morte que imprime sentido à vida. A vida é que dá sentido à morte. Por isso, uma vida sem sentido encara a morte como um preço muito alto a pagar por algo sem valor. A imortalidade estaria mais facilmente ao nosso alcance se seguíssemos o ditado francês: fazer aquilo, e somente aquilo, que queremos eternizar.

Não pedimos para nascer e, agora, não queremos morrer. Tudo é dom e nada nos pertence, exceto o apego ao ilusório.

A morte do humano

Em 1998, o *Time* concedeu o título de Homem do Ano a um robô. No Japão há uma "roboa" como apresentadora de TV e, outras, como manequim.

A vantagem do robô é funcionar sem interferência de sentimentos ou emoções; possuir inteligência computadorizada desprovida de sofrimento e moral.

O robô não fala senão o que lhe programam; não protesta nem reivindica melhores salários. Destituído de vontade própria, não se move por ambições e enquadra-se perfeitamente na categoria de escravo cibernético, sem que os defensores da liberdade exijam a sua alforria.

A sociedade neoliberal também nos transforma em robôs. A TV livra-nos de nossas próprias imagens, de nossos próprios sonhos, de nossas próprias histórias e de nossa própria língua. Somos felizes analfabetos quanto ao significado das coisas e da vida.

No entretenimento, o fluxo de imagens sobrepõe-se à cultura. A enxurrada de fragmentos de informação internáutica faz desaparecer nossa capacidade de reflexão, consciência crítica, indignação e solidariedade.

O curioso é aceitarmos ser analfabetos filosóficos. Vemos signos, recebemos informações, mas não sabemos como alinhavá-los em significado coerente, em síntese cognitiva que nos garanta um rumo de futuro.

Agora o tempo flui sem o seu caráter histórico. Torna-se uma sucessão de eventos desconexos, onde passado, presente e futuro se mesclam no coquetel de imagens coloridas.

A memória reflui, a linguagem empobrece, o ser humano se demite da condição de sujeito histórico. A história se converte em mera literatura segundo o gosto de cada um, a *"nouvelle cuisine da pós-história"*, na expressão de Baith.

Nessa era do culto do imaginário, as pessoas reais importam pouco. Queremos idolatrar famosos e cultuar duendes, anjos e espíritos. É o que Baudrillard qualifica de "mundo simulado". Alarga-se a distância entre o mundo vital, cotidiano, e o mundo artificial dos meios de comunicação.

Nossa percepção de realidade reflui, não por carência de informação, mas por superabundância. "Isto não é real, é mera informação", reagimos. Como acentua Baier, quanto mais informados estamos, mais estúpidos e irresponsáveis ficamos, pois frente a tamanha avalanche de tragédias – violências, fome, êxodos etc. – somos induzidos ao tamanho de nossa impotência e nos tornamos espectadores de nossa própria destruição.

É como contemplar fotos de Sebastião Salgado e admirar a expressão estética, sem se dar conta de que encerram uma exigência ética.

Morre o ser humano. A tal ponto que a ciência já se move para criar o seu sucedâneo – o clone. Enquanto a novidade não chega, o ser real é aprimorado nos estaleiros da glamorização: cirurgias plásticas, academia de ginástica, anabolizantes e emagrecimento rápido.

É socialmente incorreto ser o que se é. Gorduras devem ser queimadas ou encolhidas; silhuetas assimétricas disfarçadas; bem como se exige a remodelação de pequenos detalhes fisionômicos que não correspondem ao estilo de beleza padronizado pela mídia. A ciência não parece interessada no avesso da pele: a subjetividade, a consciência, o juízo moral, a liberdade, a pessoa como nó de relações etc. Para ela, somos antropomórficos, diria Nietzsche. Se o coração grita, dá-lhe uma pílula de espiritualismo, não importa de que laboratório religioso, contanto que aplaque nossas angústias e nos faça transcender o real, jamais querer transformá-lo.

Michel Foucault assinala que o nosso pensar e viver dependem, hoje, das mesmas categorias que regem o mundo científico e técnico. O coração humano não passa, pois, de abstração. O que denominamos humano, um anacronismo. O humano em si já não existe. Devemos admitir a sua morte. Não há mais sujeitos, apenas sistemas antirreferenciais.

O que fazer? Publicar o necrológico do ser humano como, na década de 1970, alguns proclamaram "a morte de Deus"? Entregar o planeta à sorte dos computadores e deixar que empreendam entre si a guerra virótica, suscitando ódio e destruição onde o sinal manifesta *I Love You*?

Não há como deter o progresso. Mas urge combater mitos do regresso. Deslocar-nos dos paradigmas anglo-saxônicos, intrinsecamente consumistas, e respeitar a tradição judaico-cristã e as reservas humanísticas contidas em povos marginalizados que resistem ao modelo sistêmico: orientais, indígenas, comunidades alternativas, onde a solidariedade e a partilha são regras sagradas.

Hoje, o ópio do povo não é a religião. É a cultura midiática que induz o ser humano a conformar-se com o seu destino de mero espectador afundado na poltrona, convencido de que a sua liberdade é real porque transita entre duas marcas de eletrodomésticos ou diferentes grifes de vestuário.

Ali da sala ele pode, confortavelmente, assistir ao apocalipse. O mundo desaba à sua volta, mas isso não tem importância, desde que nenhum estilhaço dessa explosão metafísica quebre o seu telhado.

Em nome e em defesa desse conforto, aceita resignadamente demitir-se da condição de sujeito, omitir-se frente aos imperativos de solidariedade, esquecer a memória, rasgar a sua carta de cidadania e abandonar toda esperança, exceto o que lhe acena com a perenização de uma vida confortável.

Só resgataremos o sujeito histórico, dotado de identidade subjetiva, se partir da memória de Deus, eivada de caráter subversivo. Ela nos permite entender a sacralidade intrínseca ao ser humano, sua aventura entre perdição e salvação, opressão e libertação, morte e vida.

Partir da memória judaico-cristã é livrar-se das ciladas da semântica e da semiótica científicas, estruturalistas e pós-estruturalistas. A questão primordial não é: "Quem fala"? mas "Quem sofre"? A linguagem não pertence primeiro aos que pensam, mas aos que sofrem, alerta Umberto Eco.

O idioma dos que sofrem é a oração, que não é a linguagem consoladora do sofrimento, mas a inquieta interpelação a partir do sofrimento.

A memória cristã de Deus é a memória da justiça daquele que sofre. Memória favorável às vítimas e aos vencidos da história, memória ressurrecional, que desmascara os mitos do progresso, como bem previu Walter Benjamin.

A paz como fruto da justiça

Predomina no Ocidente a ideia de que a paz pode existir como mero equilíbrio de forças ou armas. Talvez nós, vivos, possamos aprender algo com os mortos.

O profeta Isaías viveu em Jerusalém no século VIII antes de Cristo. A Assíria era, então, a grande superpotência do Oriente. Em busca de expansão de seu império, os exércitos assírios invadiam territórios de países vizinhos.

A Síria e o reino do norte – Efraim (Israel), cuja capital ficava na Samaria – selaram uma aliança para deter os assírios. Porém, Acaz, rei de Judá (reino do sul), recusou-se a participar. Um golpe de Estado foi preparado para derrubá-lo e empossar outro rei mais cooperativo. Vendo-se ameaçado, Acaz recorreu à Assíria, que desbaratou a conspiração e subjugou Efraim. Como vassalo dos assírios, Acaz permaneceu no poder em Jerusalém.

Uma década mais tarde, o reino do norte rebelou-se contra a Assíria. Em 722 a.C., a Samaria foi destruída e sua população, deportada. Efraim-Israel deixou de existir.

Em 701 a.C., Ezequias, rei de Judá, rebelou-se contra Senaquerib, rei da Assíria. O reino do sul foi saqueado pelas tropas da potência imperialista e Ezequias confinado em Jerusalém.

"Por que tantas guerras?", indagava Isaías. Sua argúcia política não se detinha nos efeitos. O profeta denunciou as causas das desigualdades sociais, sobretudo a opulência das elites: "Ai daqueles que juntam casa com casa e emendam campo a campo, até que não sobre mais espaço e sejam os únicos a habitarem no meio do país" (5,8-23).

Isaías criticava também a ociosidade perdulária das elites, em especial as mulheres: "Por causa do orgulho das mulheres de Jerusalém, que andam de cabeça erguida e olhos cobiçosos; que pisam miúdo, tilintando os anéis dos tornozelos, o Senhor cobrirá de sarna a cabeça delas" (3,16-24).

Toda a mensagem de Isaías está centrada nesta afirmação: "O fruto da justiça será a paz" (32,17). Inútil querer a paz sem, antes, erradicar as causas que produzem violência e guerra. Por isso, ele zombava dos que se julgavam profundamente religiosos, sem, no entanto, libertarem os oprimidos: "O jejum que eu quero é este: acabar com as prisões injustas, desfazer as correntes do jugo, pôr em liberdade os oprimidos e despedaçar qualquer opressão; repartir a comida com quem passa fome, hospedar em sua casa os pobres sem abrigo, vestir aquele que se encontra nu, e não se fechar à sua própria gente" (58,6-7).

Das lições do profeta concluímos que, sem uma ética globalizada, o atual modelo neoliberal de *globocolonização* não cessará de colocar os interesses privados acima do direito público; as fontes de riqueza acima do bem-estar da população; as ambições imperialistas acima da soberania dos povos.

O cristianismo como projeto civilizatório

O Brasil é um país de matriz cristã. Pergunte-se a um homem ou mulher do povo como é a sua visão de mundo e, certamente, se escutará uma resposta tecida em categorias religiosas.

O cristianismo, em sua versão católica, chegou ao nosso país de braços dados com o projeto colonizador português. Integrar-se à civilização, tal como a concebia a Península Ibérica, era tornar-se cristão. Essa a obsessão missionária de Anchieta: anular as convicções religiosas dos povos originários da *terra brasilis,* consideradas idólatras, para introduzir o cristianismo segundo a teologia europeia ocidental, em uma agressão à cultura indígena.

Os colonizadores trouxeram os africanos como escravos. Estes tinham que se submeter ao batismo para entrar no inferno aqui na terra, sob a promessa de que, bem dóceis à vontade e aos perversos caprichos dos brancos, haveriam de merecer o Paraíso celestial como recompensa.

A flauta e a hóstia consagrada

No início do século XX, um padre destinado a catequizar uma aldeia do Xingu ficou indignado ao constatar que o ritual religioso centrava-se numa flauta tocada pelo xamã, cuja música estabelecia a conexão com o Transcendente. Trancadas nas malocas, mulheres e crianças eram proibidas de assistir à cerimônia.

Escoltado por soldados, o missionário trouxe a flauta para o centro da aldeia, fez vir mulheres e crianças e, diante de todos, quebrou o instrumento musical rechaçado como idolátrico e pregou a presença de Jesus na hóstia consagrada.

Ora, o que impede um grupo indígena de ingressar em uma catedral católica, abrir o sacrário, rasgar as hóstias consagradas e jogá-las no lixo? Apenas um detalhe: a falta de uma escolta suficientemente armada.

Fé e política

Nós, ocidentais, dessacralizamos o mundo ou, como prefere Max Weber, o desencantamos. A ponto de se decretar "a morte de Deus". Se abraçamos paradigmas tão cartesianos, felizmente em crise, isso não é motivo para "quebrar a flauta" dos povos que levam a sério suas raízes religiosas.

Hoje, erra o Oriente por ignorar a conquista moderna de laicidade da política e da autonomia recíproca entre religião e Estado. Erra o Ocidente por "sacralizar" a economia capitalista, endeusar a "mão invisível" do mercado e desdenhar as tradições religiosas, pretendendo confiná-las aos templos e à vida privada.

Os orientais se equivocam por confessionalizar a política, como se as pessoas se dividissem entre crentes e não crentes (ou adeptos da minha fé e os demais). Ora, o marco divisor da população mundial é a injustiça que segrega metade dos 7,3 bilhões de habitantes (dado de 2016).

Por sua vez, os ocidentais cometem grave erro ao pretender impor a todos os povos, pela força e pelo dinheiro, seu paradigma civilizatório fundado na acumulação da riqueza, no consumismo hedonista e na propriedade privada acima dos direitos humanos.

Cristianismo à imagem e semelhança do capitalismo

Muitos de nós, ocidentais, somos filhos e filhas do século XX, e nascemos em famílias católicas. Fomos batizados e crismados, fizemos a Primeira Comunhão (ou Primeira Eucaristia), aprendemos a rezar e a ter devoção a santos e a santas.

Esse cristianismo se casava perfeitamente com a moral burguesa que divorciava o pessoal do social, o privado do público. Pecado era se masturbar, mas não pagar um salário injusto a uma empregada doméstica confinada na casa em um quartinho irrespirável, desprovida de direitos trabalhistas e obrigada a desempenhar múltiplas tarefas. Pecado era faltar à missa aos domingos, e não impedir uma criança negra de frequentar o colégio religioso dos brancos. Pecado era ter maus pensamentos, e não pagar, em uma noite, por uma garrafa de vinho, o que o garçom que abastecia as taças não ganhava em três meses de trabalho.

Como ressaltou Max Weber, o cristianismo dotou de espírito o capitalismo. (Max Weber. *A ética protestante e o espírito do capitalismo*.) Há que ter fé na mão invisível do mercado, assim como se crê no Deus que não se vê. Há que estar convencido de que tudo depende de méritos pessoais, e que a pobreza resulta de pecados capitais como a preguiça e a luxúria. Há que ter presente que muitos são os chamados, mas poucos os escolhidos para desfrutarem, já na Terra, as alegrias que o Senhor promete aos eleitos nas mansões celestiais...

Não foi o cristianismo que converteu o Império Romano no século IV, na época do imperador Constantino. Foram os romanos que converteram a Igreja em potência imperial. Do mesmo modo, não foi o cristianismo que evangelizou o Ocidente, foi o capitalismo ocidental que o impregnou com seu espírito de usura, individualismo e competitividade. O que a história nos demonstra?

Todas as nações escravocratas da Modernidade eram cristãs. Eram cristãs as nações que promoveram o genocídio indígena na América Latina. É cristão o país que cometeu o mais grave atentado terrorista de toda a história, ao calcinar milhares de pessoas com as bombas atômicas de Hiroshima e Nagasaki. Eram cristãos os governos que deflagraram as duas grandes guerras do século XX. Consideravam-se cristãos o nazista Hitler e os fascistas Mussolini, Franco e Salazar. Ostentavam o título de cristãs as ditaduras que, no século passado, proliferaram na América Latina, patrocinadas pela CIA. São cristãos os países que mais devastam o meio ambiente. Como são cristãos os que mais produzem pornografia e abastecem o narcotráfico. São cristãs muitas nações, como o Brasil, nas quais a desigualdade social é gritante.

De que diabo de cristianismo estamos falando? Certamente não daquele que refletiria a prática e os valores testemunhados por Cristo.

Jesus veio fundar uma religião?

Fomos educados na ideia de que Jesus veio fundar uma religião ou uma Igreja. Isso não condiz com o que dizem os evangelhos de Mateus, Marcos, Lucas e João, principais fontes sobre a pessoa de Jesus.

Em todos os quatro evangelhos a palavra Igreja (*ecclesia*, em grego) aparece apenas duas vezes, e assim mesmo em um único evangelista, Mateus. E os evangelhos comprovam que Jesus foi severo crítico da religião vigente na Palestina de seu tempo, basta ler o capítulo 23 de Mateus.

Já a expressão Reino de Deus (ou Reino dos Céus, em Mateus) aparece mais de cem vezes na boca de Jesus. O teólogo francês Alfred Loisy dizia que Jesus pregou o Reino, mas o que veio foi a Igreja...

Jesus viveu, morreu e ressuscitou no reino de César, título dado aos 11 primeiros imperadores romanos. Desde o ano 63 antes de nossa era a Palestina estava sob o domínio do Império Romano. Era mais uma província fortemente controlada política, econômica e militarmente desde Roma. Toda a atuação de Jesus se deu sob o reinado do imperador Tibério Cláudio Nero César, que permaneceu no poder do ano 14 ao 37.

Portanto, falar de outro reino, o de Deus, dentro do reino de César, equivaleria hoje a falar de democracia em tempos de ditadura. O que explica por que todos nós, cristãos, somos discípulos de um prisioneiro político. Como tantos perseguidos por governos autoritários, que estiveram encarcerados, torturados e assassinados, Jesus também foi aprisionado, torturado, julgado por dois poderes políticos e condenado à morte na cruz.

Ao contrário do que muitos pensam, para Jesus o Reino de Deus não era algo apenas *lá em cima*, no céu. Era, sobretudo, algo a ser conquistado nesta vida e nesta Terra. "Vim para que todos tenham vida e vida em abundância" (Jo 10,10). E Ele foi, por excelência, o homem novo, protótipo do que deverão ser todos os homens e mulheres do "Reino" futuro, a civilização do amor, da justiça e da solidariedade.

As bases desse projeto civilizatório e seus valores estão espelhados na prática e nas palavras de Jesus. Se agirmos como Ele, este novo mundo haverá de se tornar realidade. Esta é a essência da promessa de Jesus.

A centralidade do humano

Você pode não ter fé cristã e até mesmo aversão à Igreja. Mas você trilha a senda de Jesus se é uma pessoa faminta de justiça, despida de qualquer preconceito a seres humanos, capaz de partilhar seus bens com os necessitados, preservar o meio ambiente, ter compaixão e saber perdoar, e ser solidário às causas que defendem os direitos dos pobres.

Jesus não veio nos abrir a porta dos céus. Veio resgatar a obra originária de Deus, que nos criou para viver em um paraíso, conforme o *Livro do Gênesis*. Se o paraíso não se realizou, é porque abusamos de nossa liberdade na ânsia de tornar meu o que, de direito, é de todos.

Jesus não veio como um extraterrestre que nos traria um catálogo de verdades estranhas ao nosso mundo. Veio re-velar, desvelar, tirar o véu, ou seja, nos fazer enxergar o que já é parte do nosso proceder, do nosso cotidiano, mas que não tínhamos ideia de seu valor transcendente.

Ele veio nos alertar: o mundo que Deus quer tem esse perfil, essas características! Mundo no qual não há excluídos, famintos, injustiçados. Mundo no qual a solidariedade reina sobre a competitividade e a reconciliação sobre a vingança.

Esse projeto de Deus, anunciado por Jesus, tem a sua centralidade, não em Deus, mas no ser humano, imagem e semelhança de Deus. Só na relação com o próximo se pode amar, servir e cultuar Deus.

Os missionários que colonizaram a América Latina queimaram indígenas, como o cacique Hatuey, em Cuba, por cultuarem outro deus que não o dos cristãos. Ora, Jesus não pregou aos fariseus e saduceus outro Deus, diferente daquele cultuado pelos judeus no Templo de Jerusalém. *Pregou que o ser supremo para o ser humano é o ser humano.* O ser humano é o senhor do sábado! Em Mt 25,31-46, Jesus se identifica com o faminto, o sedento, o imigrante, o desnudado, o enfermo e o prisioneiro. E frisa que serve a Deus quem liberta o próximo de um mundo que produz essas formas de opressão e exclusão.

Portanto, *o que Jesus veio introduzir entre nós não foi uma Igreja ou uma nova religião. Foi um novo projeto civilizatório*, baseado no amor ao próximo e à natureza, e na partilha dos bens da Terra e dos frutos do trabalho humano. Uma nova civilização em que todos sejam incluídos: coxos, cegos, hansenianos, mendigos e prostitutas. E na qual a vida, dom maior de Deus, seja por todos desfrutada em plenitude. Isso é confirmado por Paulo em sua Carta aos Gálatas (3,28): "Não há mais nem judeu nem grego; já não há mais nem escravo nem homem livre; já não há mais o homem e a mulher; pois todos vós sois um só em Jesus Cristo".

Como alcançar tal projeto civilizatório? Jesus acentuou nitidamente que para isso é preciso renunciar, como valores ou meta de vida, ao ter, ao prazer e ao poder, simbolizados nos episódios das tentações sofridas por Ele no deserto (Lc 4,1-13). E ao contrário do que se supõe, quem o faz encontra o que todo ser humano mais anseia, a felicidade ou, nos termos do Evangelho, a bem-aventurança explicitada por Jesus em oito vias que imprimem sentido altruísta às nossas vidas (Mt 5,3-12). Há que ser solidário com os excluídos, como o bom samaritano; compassivo, como o pai do filho pródigo; despojado, como a viúva que doou ao Templo o dinheiro que não lhe era supérfluo. Há que assegurar a todos condições dignas de vida, como na partilha dos pães e dos peixes. Há que denunciar os que colocam a lei acima dos direitos humanos e fazem da casa de Deus um covil de ladrões. Há que fazer de nossa carne e de nosso sangue, pão e vinho para que todos, como irmãos e irmãs, em torno da mesma mesa, comunguem o milagre da vida unidos por um só Espírito.

Ora, se estamos de acordo com o fundamento de toda a pregação de Jesus – de que *o ser supremo para o ser humano é o próprio ser humano* –, então só nos resta perguntar por que tantos seres humanos, neste mundo *globocolonizado* em que vivemos, estão condenados, por estruturas injustas, à miséria, à exclusão, à imigração forçada, à morte precoce, enfim, a uma vida de sofrimento e opressão.

E tenham ou não fé em Deus, todos que se empenham em combater as causas da injustiça fazem a vontade de Deus segundo a palavra de Jesus. E acreditam que esse "reino de César" deve ser abolido para ceder lugar a outro "reino", no qual todos terão assegurados, por suas estruturas, a vida em plenitude. Nisso se resume o projeto de Deus para a história humana e a utopia anunciada por Jesus.

Paixão ressuscitada

Sexta-feira da Paixão. Frei Nicolau, pároco da igreja de São Domingos, na capital paulista, pediu-me para encontrar um Cristo sofrido para a procissão do Senhor morto. No templo, o clima litúrgico, com as imagens cobertas de roxo, recordava a prisão, tortura e morte de Jesus.

Fui ao Bexiga atrás do Paco, cenógrafo que trouxera da Espanha a mania de colecionar Cristos. Mostrou-me sua coleção, na qual se destacavam um Cristo lavrador do Vale do Jequitinhonha, com o ventre oco, crucificado nas próprias enxadas; um Cristo peruano com cara indígena, todo retorcido, a cabeça avançada, como que prestes a se desprender do tronco; e um Cristo guatemalteco, amarrado no poste de tortura, tendo sobre a cabeça um capuz por baixo da coroa de espinhos. Emprestou-me os três para que frei Nicolau escolhesse.

Na volta, parei no Largo do Arouche para comprar flores. Dia seguinte, o altar da igreja deveria ser enfeitado para a noite do sábado de Aleluia. De repente, uma mulher em trajes sumários, descabelada, olhos a brilhar de ódio, invadiu uma das barracas e, com uma jarra nas mãos, começou a derrubar tudo e a xingar o florista. Foi a única vez que vi uma briga de casal sob chuva de pétalas...

O homem, acuado, começou a gritar que ela era louca. Três ou quatro fregueses acorremos a segurá-la. Ao conseguir, senti algo quente e pastoso correr pelo meu braço direito. Ela tinha cortado as mãos com a jarra. Acalmada, aceitou que eu a levasse até o Hospital das Clínicas para que fosse medicada.

— O que houve com a senhora? — indaguei no caminho.

— Frei, ele me largou — disse vacilante, exalando forte cheiro de álcool. — É meu homem, mas agora anda com uma piranha.

Padres e pastores são como médicos, ainda que não tenham tido a doença devem prescrever algum remédio aos males da alma. Procurei explicar que ela deveria buscar outros métodos para reconquistá-lo. A agressão e a ofensa não eram os mais indicados. Quem sabe ele logo cairia em si e se daria conta da importância de trocar a aventura pelo verdadeiro amor.

A mulher contou que trabalhava em um restaurante próximo à Praça da República, onde lavava copos, pratos e talheres. Viera da Bahia. O florista era de Minas. Os dois se conheciam há cinco anos. Eles se lavavam no restaurante, comiam o que sobrava das travessas retornadas das mesas e, à noite, dormiam na barraca, cercados de rosas, margaridas, cravos, hortênsias e bicos-de-papagaio.

– Prefiro morrer, padre, a viver sem ele.

Falei do amor, de Deus, da esperança. Por mais que tentasse fugir do discurso convencional, eu sabia que, nas águas da emoção, não se pesca com a rede da razão. Um coração machucado só conhece dois remédios: o amor, que cura e transfigura; ou o tempo, que cauteriza.

No pronto-socorro do Hospital das Clínicas ela foi logo atendida. Na saída, me pediu que a deixasse junto ao cemitério do Araçá.

– Algum parente enterrado lá? – perguntei.

– Não; vou comprar uma flor ali na porta e levar para o meu homem.

O gesto, que a princípio me pareceu redundante, como oferecer pão ao padeiro, logo me fez entender que, no amor, a atitude fala muito mais alto do que a própria oferenda.

De volta à igreja de São Domingos, frei Nicolau veio correndo ver os Cristos que eu havia conseguido.

– Por que demorou tanto? – perguntou ele.

– Porque eu estava acompanhando uma outra paixão. E ela tem nome: Maria das Graças.

No Domingo de Páscoa, retornei ao Largo do Arouche com uma caixa de chocolates. Das Graças e Antônio, sorridentes, atendiam os fregueses na barraca de flores.

– Olá Maria, olá amigo, então vocês ressuscitaram?

Ela me reconheceu:

— Frei, acho que é isso mesmo o que aconteceu. A gente ressuscitou. O Antônio largou da piranha.

— Agora é pra sempre — disse ele. E acrescentou com um toque de ironia: — O amor é eterno enquanto dura.

Corrigi-o:

— O amor dura enquanto é terno — e frisei a distinção entre o verbo e o adjetivo.

"Deus é um fogo abrasador"

Para todos, homens e mulheres, apresenta-se o desafio de um encontro mais íntimo consigo mesmo. Talvez a história do desejo possa ser resumida nessa busca constante de nos aproximarmos e apropriarmos de nós mesmos. Embora o desejo nos mova nessa direção, temos muito medo deste encontro. Pois, quanto mais nos encontramos, mais encontramos um Outro que, dentro de nós, é diferente de nós. Isso exige mudar o que somos aqui e agora.

Santo Tomás de Aquino define esse movimento como o encontro com a pedra angular do real, a presença de Deus. Por isso experimentamos a vertigem na busca de apropriar-nos de nós mesmos. Vertigem que se torna evidente no tratamento psicanalítico. Vertigem palpável nos momentos de grandes decisões de vida, como mudança de emprego ou de relação afetiva. Vertigem notória quando se trata de definir o projeto de vida.

Muitas vezes deixamos de orar porque a oração nos mergulha na interioridade. Lá, no mais fundo de nossa humanidade, quando lambemos o chão do inferno, é que encontramos a divindade – como frisa a canção *Se eu quiser falar com Deus*, de Gilberto Gil.

Deus não é alguém acima de nós. Habita o nosso avesso. Quando nos viramos pelo avesso, deparamos com a presença sedutora de Deus. Sedução terrível, desafiadora, profundamente incômoda, na medida em que exige mudança completa de nossas referências e seguranças.

Jeremias vivia bem em sua terra, com a sua gente. Até que Javé o convocou para ser profeta. Jeremias não gostou da experiência. O exercício do profetismo lhe tirou a tranquilidade de vida, a rotina, e o expôs aos olhos dos adversários, tornando-o objeto de crítica. Jeremias, então, amaldiçoou o dia em que nasceu e abandonou a missão. Porém, ao retornar à vida anterior, reconheceu ser impossível ignorar o apelo de Deus. "Seduziste-me, Senhor, e me deixei seduzir" (20,7). Encontrava-se irremediavelmente tomado pela paixão divina.

Há experiências humanas que levam ao encontro consigo mesmo. Experiências imprevistas, desafiadoras, como o sofrimento. Não só o sofrimento pessoal de uma doença. Refiro-me às pequenas mortes no cotidiano. Aquilo que se perde e traz desarmonia, ferimento e abandono.

Perdemos a familiaridade com a morte. Grave falha dos tempos em que vivemos. Na minha infância, a morte era algo muito familiar, trivial. Víamos vizinhos e parentes agonizarem, morrerem, o velório na sala da casa, o enterro precedido de cortejo fúnebre, a missa de sétimo dia. No entanto, a morte é a única experiência definitiva na vida de cada um de nós. Nem sabemos o que irá ocorrer daqui a dois minutos.

O fato de – nas famílias, nas escolas e nas igrejas – não se falar nem se vivenciar a experiência da morte faz com que se torne cada vez mais difícil para nós lidar com as pequenas mortes do cotidiano, como perdas, separações, fracassos, falências, projetos irrealizados, mágoas, decepções e ressentimentos.

Ignorar a realidade da morte sob a ansiedade de que viveremos todos para sempre, e a cada dia vitoriosos, é tornar maior a frustração. Quando se abre o buraco no coração pela incapacidade de lidar com o sofrimento, existem duas saídas: o encontro consigo mesmo e o mergulho no Absoluto, ou alienar-se de si mesmo e mergulhar no absurdo. A dificuldade é que a primeira saída exige um mínimo de sabedoria. A segunda é aparentemente mais fácil, pois funciona como válvula de escape – pode ser a bebida, a droga ou o ingresso no partido da omissão e da indiferença.

Na vida, não se guarda culpa por transgressão, e sim por omissão. É comum ver certas pessoas aprofundarem sua omissão diante das pequenas mortes. Assim, acumulam no coração um volume de culpa que deteriora sua qualidade humana. Perdem o sabor da felicidade e passam a administrar sua própria existência como administram seus bens, na relação reificadora de valor e uso, ganho e faturamento, a ponto de, muitas vezes – sucumbidos na total incapacidade de lidar com as pequenas mortes do cotidiano – se identificarem com a função que as situa na vida profissional e social. A função passa a ser a verdadeira personalidade. Torna-se preferível a morte do que a perda da função.

Caso clássico é o de Getúlio Vargas, que preferiu a morte a deparar-se consigo mesmo fora do poder. Há muitos casos semelhantes. Em geral, os suicídios não são momentâneos ou repentinos, mas resultado de anos de pequenos suicídios frente à dificuldade de lidar com a perda e o sofrimento.

Querer ser vitorioso sempre é confundir o tamanho da gula com o do estômago. A existência fica mal digerida. No centro do coração, o buraco alarga-se e, como é também fundo, não se consegue ver nele senão uma sombra escura.

A sabedoria religiosa dos antigos do Oriente, passando pelas tradições do Oriente Médio, até a sabedoria indígena da América Latina e do Caribe, descobriu como lidar com o sofrimento. Como evitar o buraco na alma. Todas aquelas escolas de espiritualidade encontraram um método para lidar com a vida, incluindo o sofrimento, de modo a enfrentá-lo sem que se perca a felicidade ou se rompa a integridade subjetiva. Imprimindo à existência um novo sentido, a espiritualidade faz com que o sofrimento seja de tal forma reduzido que, de dor, ele se transfigura em experiência de crescimento. E dilata o coração para o amor.

O método é a oração, a experiência mística. O sentido, o amor. Não se pode separar método e sentido. Nem significado e significante.

A mística nos faz apreender a vida pelos olhos de Deus. Nessa ótica o que normalmente é encarado como sofrimento passa a ser encarado como parte da conflitividade inerente a todos os seres vivos.

Jesus, presença divina na história humana, encarnou-se em momento histórico e lugar geográfico altamente conflituosos. A Palestina do século I estava sob jugo do imperialismo romano. Jesus se inseriu nas camadas populares oprimidas. Através daquela conflitividade, nos revelou o rosto de Deus.

Em Jesus, a divindade não nos é revelada pela negação ou fuga do conflito, mas pelo modo como se assume o conflito, buscando suas causas, sendo intransigente com os seus responsáveis e misericordioso com suas vítimas.

O olho de Jesus não se fixava no que era tido como puro ou impuro, e sim no que trazia vida ou morte.

O Deus de Jesus não habita as alturas. Habita o coração humano e o tecido do Universo. Seu dom maior é a vida.

Converter-se à vida é aceitar Deus e converter-se a Deus é abraçar a vida como dom maior.

A vida deve ser abraçada, assumida, mesmo perante a morte. Neste limite, ela deve ser entregue, como oferta; jamais perdida, como algo precioso que nos é roubado.

Jesus assumiu sua própria morte, mas repudiou tudo aquilo que trazia morte para os outros: injustiças, opressões, enfermidades, legalismo etc. Curou os doentes para ressaltar que Deus quer a saúde, sinal de vida. Só os fariseus acreditavam, equivocadamente, que a doença era fruto do pecado e, portanto, castigo de Deus.

Porém, o Deus do qual falavam os fariseus não era o mesmo Deus anunciado por Jesus.

Nossa maneira de entender Deus influi em nossa maneira de entender a vida. Projetamos em nosso proceder a imagem que temos de Deus.

Tantos pastores que prometem curas e, no entanto, ninguém sugere que estão subvertendo a ordem estabelecida! Jesus, ao curar doentes, provocou a ira dos líderes políticos e religiosos de seu tempo. Por quê? Ora, ao mostrar que Deus não quer a doença, mas a saúde, e que, portanto, a enfermidade não é castigo divino, Jesus incutiu nos enfermos uma explosiva interrogação: se não é castigo de Deus, então qual é a causa?

Descobrir que vem da terra o que antes se atribuía ao céu é o primeiro passo rumo à consciência crítica.

O encontro de Jesus consigo e com os outros resgata a humanidade. A divindade se manifesta em Jesus sem negar a humanidade, mas acentuando-a.

Ainda hoje os pesquisadores querem saber para quem Marylin Monroe tentava ligar quando a morte a surpreendeu. Debruçada na cama, ela foi encontrada com o telefone à mão. Ernesto

Cardenal sugeriu que ela havia pedido uma ligação para o Amor. E foi imediatamente atendida...

Não era água que a samaritana buscava no poço de Jacó (Jo 4,1-45). Era um sentido à sua existência. Só o sentido torna a vida propriamente humana. E Jesus lhe revelou o sentido dentro da trama humana, naquilo que ela tem de beleza e feiura, de grandeza e mesquinhez, de vitória e fracasso.

Mil homens ou mil mulheres. Basta um único amor para apagar todas as lembranças e marcar como fogo.

O primeiro milagre de Jesus ocorreu durante uma festa, nas bodas de Caná (Jo 2,1-12). Acabara o vinho e ainda não era hora de terminar a festa. Ele transformou a água em vinho para a festa prosseguir.

Pura gratuidade do amor de Deus.

Só ama de verdade quem é capaz de perdoar. Essa dimensão tão profunda e misteriosa do amor – o perdão – parece impossível em uma sociedade como a nossa, na qual até relações afetivas são contabilizadas entre ganhos e perdas, cobranças e débitos. Perdoando, Jesus nos permitiu saber como é o coração de Deus.

Há palavras que, com o tempo, são estigmatizadas. Uma delas é pecado. Será que não há mais pecado? Nenhum de nós sente o peso de seu próprio pecado? A psicanálise constata que não nos livramos facilmente da consciência do próprio pecado. Existem atos que teologicamente não são pecados, mas dependendo da consciência da pessoa, do escrúpulo que carrega, ela considera como tal.

Peco todas as vezes que, em meu proveito, reduzo as possibilidades de vida do outro. Seja sonegando-lhe o salário suficiente para, então, aumentar os meus lucros; seja difamando-o para defender a minha imagem; seja ferindo-o em seus direitos ou traindo-o em sua confiança.

A rigor, há um único pecado: egoísmo.

Pecado é a sonegação da possibilidade do outro. Possibilidade de vida e de produção de sentido.

Não é o excesso de bens materiais que nos faz mais humanos. É a capacidade de preencher a nossa subjetividade, de impregná-la de um sentido que faça a vida valer a pena como acesso ao direito de felicidade. E, também, faça a morte valer a pena.

O grau de felicidade de uma pessoa pode ser medido pela resposta que ela dá a esta pergunta: se a morte me surpreendesse hoje, estaria roubando o tempo que me resta viver ou já teria valido a pena ter vivido?

Para quem consegue vivenciar seu aqui e agora, a morte não constitui uma invasão em seu espaço vital. Mas quando toda a nossa realização ainda reside em nosso futuro imaginário, sem que sejamos capazes de modificar a situação em que nos encontramos, ou dar a ela um novo sentido, então é doloroso viver a experiência da perda.

Quando falamos de redenção, falamos de liberdade. Mas, o que seria liberdade? O *american way of life*? É tanto maior a liberdade, quanto mais amplas as possibilidades de consumo?

Há quem entenda a liberdade como um acordo recíproco de respeito mútuo ao espaço alheio. Cada um que se mova em seu espaço, cuidando-se para não invadir o espaço de outrem.

Para o Evangelho, somos tanto mais livres quanto mais produzimos e reproduzimos liberdades. E quanto maior a nossa dificuldade de fazer isso, maior é também a nossa dificuldade de aceitar a liberdade alheia.

O amor nada mais é do que o desafio de construir a minha liberdade através da construção de liberdades alheias. É só isso que o amor exige. É só isso que o amor pede.

O que no amor chamamos paixão, na experiência de oração chamamos mística. A experiência é a mesma: um Outro nos habita por dentro e por fora.

Jesus recomenda "amar o próximo como a si mesmo". Muitas vezes não me amo de fato e, portanto, sou incapaz de amar o outro. Quem não se gosta dificilmente aprenderá a gostar dos outros.

O mandamento de Jesus implica amar o próximo e a si mesmo. Se me deixo envolver por sinais de morte, peco contra mim mesmo, e me fecho à capacidade de amar o outro.

Jesus ensinava que o nosso verdadeiro tesouro reside lá onde se encontra o nosso coração. Assim, aquilo que somos não é exatamente o que pensamos que somos, mas sim aquilo que sentimos e que nos move. Enfim, o que constitui fonte e objeto do nosso desejo.

Ensinam os budistas que basta um simples pensamento nocivo, ressentimento, mágoa, voto de vingança em relação a alguém, para imprimir na mente um sinal de morte. Isso é pecar contra si mesmo.

O sábio predispõe sua mente a não receber energias negativas. Onde as religiões orientais dizem "mente", o Evangelho diz "coração".

O real se sobrepõe à nossa capacidade de abarcá-lo. Então, como um botão de rosa, o coração se abre ao infinito.

Isso é fé.

Sem um mínimo de fé ninguém se casaria, teria filhos ou assumiria projetos na vida. A fé supõe um voto de confiança em toda essa dimensão da existência que transcende o eu individual, aqui e agora. Não há amor sem fé. Pois nada assegura o futuro do amor senão a fé.

Fé, confiança e fidelidade são palavras que derivam da mesma raiz. São três palavras gêmeas.

Se não há esperança, não há razão para a fé. Damos nosso voto de confiança a algo que a esperança vislumbra em condições de subsistência e realização.

Porém, para que a fé se mantenha acesa e a esperança consiga assegurar um projeto, é preciso amor.

O amor supõe abrir-se ao outro como capacidade de amar e como objeto amado.

Este o ponto central da fé cristã: cremos em um Deus que se define como Amor.

São Paulo dizia que isso é loucura para os pagãos e escândalo para os judeus.

A definição grega de deus – onipotente, onisciente, onipresente – entrou de contrabando na teologia cristã. Ao abrir o Evangelho, nos deparamos com um Deus humano, de carne e osso, que chora, tem raiva, sente fome, deixa-se tomar pelo medo perante a morte, lamenta as perdas, os fracassos, as dificuldades. Um Deus que entra em atrito com seus companheiros, tem compaixão, cura e perdoa, agride e ironiza. Um Deus que sente alegria, que se mistura na multidão e gosta da solidão, que prefere alguns entre seus amigos e ainda reclama da amiga que não lhe dá atenção porque se ocupa, primeiro, em limpar a casa...

O Deus de Jesus seria reprovado pelo crivo da definição grega. Porque, como acentua a *Primeira Carta de João*, Deus é amor e quem ama conhece a Deus (4,16).

Para os gregos, o amor seria uma deficiência, pois quem ama reconhece a sua insuficiência e necessita do objeto amado.

Masculino e feminino são dimensões intrínsecas a homens e mulheres. E à própria Trindade – Pai, Filho, Espírito Santo.

Nossas palavras são pobres para expressar as coisas do amor e da fé. Buscamos em nossa cultura, em nossas referências, modos de expressar o que parece pertencer ao território do silêncio.

Não há hierarquia entre o Pai, o Filho e o Espírito Santo. São três pessoas, diferentes entre si, iguais na natureza divina.

Todas as teologias que ensinaram a supremacia do Pai sobre o Filho favoreceram o totalitarismo político e religioso. Todas que ressaltaram o Filho em detrimento do Pai e do Espírito, tenderam à ideologização da fé. E todas que priorizaram o Espírito abriram espaço ao messianismo e à privatização da fé.

Deus é socializante por natureza.

Jesus ensina que Deus é três pessoas em igualdade de natureza, diversidade de identidade, unidade de amor.

A Trindade é, também, um programa político. O mais radical e abrangente.

Jesus era Deus porque amava assim como só Deus ama.

Talvez haja uma única tristeza, a de não fazer do Amor a única religião. O que mais importa? Não há nada substancialmente importante além desse movimento ascendente engendrado no útero da natureza, lá onde o caos foi fecundado pela luz, capaz de congregar a matéria infinitesimal, agregando-a em quarks, elétrons, prótons, átomos, moléculas e células.

Essa emergência, tão bem descrita e celebrada por Teilhard de Chardin, torna a natureza grávida de história, com o seu ventre farto ofertando todas as formas possíveis de vida, e confirmando a intuição primordial de que todo o Universo não busca outra coisa além do Amor.

Não faz diferença se o movimento parte da mônada que estremece em contato com a água ou da mulher que geme sob o corpo rígido de seu amado. Há, em todo esse percurso, uma sede insaciável de fusão, de comunhão, que nos faz sentir uma compulsiva atração pela beleza, pela unidade, por tudo isso que nos devolve harmonia interior e exterior.

No entanto, o Amor sempre nos escapa, como se quiséssemos segurar com as mãos a água nutriente da fonte. E, ao escapar, abre fissuras em nosso ser e em nossa convivência social. A nostalgia do Amor gera desilusão e, com ela, esta forma atenuada de desespero que consiste em querer institucionalizar a fluidez encantadora da vida. Já que não podemos voar e nem sabemos apreciar o voo livre dos pássaros, fabricamos gaiolas. Elas contêm pássaros, mas nos impedem de apreciar a beleza do voo.

Assim ocorre nas relações contaminadas pela rotina, onde o dever substitui o prazer e o beijo é sempre despedida, nunca encontro. Ou nas Igrejas que acreditam aprisionar nos sacrários a força revolucionária da presença de Jesus. Ora, a pujante ascendência da vida rompe necessariamente todos os limites impostos pela razão implacável, indócil frente à impossibilidade de produzir, dentro da gaiola, a curva sincronizada do voo, riscando de infinito o horizonte.

O rosto da criança nunca corresponde ao sonho dos pais e não há dois pães, feitos pelas mesmas mãos, com igual sabor. No ato verdadeiramente criativo há um ponto de ruptura com o projeto inicial: é quando jorra e se expande o que há de divino em cada criador, não importa se a luz branca que envolve de silente sossego o restaurante *La Sirene*, no traço de Van Gogh, ou o feto que adquire forma no ventre materno.

É esse salto que tanto assusta a razão institucionalizada.

Hélio Pellegrino me confidenciou não saber exatamente quando descobriu o Amor. Não havia passado pelo impacto sofrido por Abraão nem pelos sofrimentos de Jeremias. Viera aos poucos – e muito cedo – através da pele de sua mãe, quente e acolhedora. Era nos braços dela que encontrava proteção, e o mundo lhe parecia desprovido de todo mal. Ainda não era o favo, mas um gosto de mel, como se a prova da gota de vinho no fundo do cálice fosse suficiente para avaliar o conteúdo da garrafa e predispor o paladar.

A sedução materna exercera sobre ele um fascínio indescritível, e moldara seu espírito e seu corpo para o Amor, imantando-o desse magnetismo que o destitui de qualquer resistência diante do belo, do uno e do infinito. O gosto do mel impregnara-o de certa doçura. A rispidez, a agressividade, mesmo na forma cruel dessa tendência de ver as coisas pelo lado azedo, como se a vida fosse uma armadilha sempre pronta a nos tragar, jamais tiveram sobre ele efeito mais do que momentâneo. A empatia com o universo materno, recendendo a frescor, otimismo e ternura, suscitara em seu ser uma postura contrária à daqueles que encaram a vida pelo estigma do rancor e da maledicência. Nela, o que havia de terno – e, aqui, é indiferente se o sujeito gramatical é mãe ou vida – gerara nele o apetite para o eterno.

Em uma luminosa manhã em Angra dos Reis, Hélio Pellegrino sugeriu que os místicos foram crianças muito bem acolhidas no seio materno – e, por isso, viveram essa nostalgia de fundir-se em algo ou alguém maior e mais aconchegante do que eles. O aprendizado do amor se inicia no modo como somos gerados.

No entanto, a geração é dor e supõe rupturas. A reciprocidade, condição fundamental à experiência amorosa, é a pedra de tropeço de pássaros que, mesmo fora da gaiola, preferem a segurança do cativeiro ao risco da liberdade.

A servidão voluntária é a opção dos que se demitem das inefáveis possibilidades da vida. Escolhe-se, por temer omitir-se; ama-se, por medo de perder; olha-se, por não saber contemplar. É como o homem sentado na estação, observando os trens passarem, sem nunca pretender embarcar, e descobrir, afinal, o que existe além dos limites de seus olhos.

Terrível não é falta de coragem vital dos seres que passam a vida tecendo suas próprias gaiolas, mas o fato de que vivemos em um tempo no qual a liberdade é socialmente um privilégio. Tanto o Estado quanto os mecanismos consumistas propõem uma liberdade ilusória, suportável escravidão. No máximo, pode-se trocar de camisa ou de cerveja, nunca de postura frente à vida, a menos que se esteja imbuído daquela ousadia vital que levou um Gauguin a trocar o sistema bancário de Paris pela pintura nas praias do Taiti. Ou daquela teimosa e persistente coragem que induz certas mulheres a fazerem de suas vidas um culto ao amor exclusivo, contra marés e ventos.

A vida é como um coco: a casca dura encobre a polpa saborosa e macia. É uma lástima que a bem pouca gente é dado experimentar o verso e o reverso. Mormente porque temos essa maldita tendência de querer transformar o real em abstrações ou, mais exatamente, de fazer com que as nossas ideias predominem sobre o fluxo do real.

É a palavra que cria. E ela é fundamentalmente um gesto humano. Sem ela, estaríamos no caos. Só ela harmoniza esse imenso quebra-cabeças que nos circunda. Poder-se-ia imaginar um mundo sem palavras? Seria como o caos primitivo, ainda que fosse belo e harmonioso como uma sinfonia de Mozart. Mas, sem palavras, ele não teria sentido para nós. Seria como um livro que contivesse a mais bela história, mas cujo idioma ninguém soubesse ler. Ali estaria o livro, cheio de frases e significados, mas condenado ao silêncio.

A história do amor é a história da palavra entendida em sua natureza bíblica, como essa capacidade de recriar o real. O que é a paixão senão o impacto de descobrir que o real pode ser recriado? Aquele homem, com sua história claro-escura, aquela mulher, com seus risos e feridas e, no entanto, explode neles o fogo incontrolável da paixão – o poder de pronunciar, com novo sotaque, e nova gramática, suas próprias vidas. A capacidade mágica de retraduzir o passado, resgatar dores e frustrações, apalpar o que neles há de divino. Palavra que no amor não se pronuncia apenas com sons articulados, mas também se escreve pelo silêncio dos gestos, como a oferta de uma flor ou o roçar da pele. Assim, todo gesto reproduz o toque primordial do Gênesis – as coisas se fazem ao fazermos com que se façam.

O amor não é um substantivo e, muito menos, um adjetivo. É verbo. E se faz carne.

Há muitos modos de orar. Orar é sempre uma insatisfação, sedutora incompletude, algo além do mais íntimo de mim mesmo. Um gosto de sal arde por baixo da língua. Um gosto de sol aquece o peito e deixa saudade, profunda saudade daquele homem ou daquela mulher que não sou. E, no entanto, só sou sendo *aquele* que não sou e se fez ser humano; sendo em meu ser o ser que sou e que devo ser.

A causa das lágrimas é o que se foi. A fonte, o vazio que fica. Imorredoura saudade. Querer apalpar com a alma a felicidade que alçou voo como um pássaro indomável. O sonho que se prenunciava realidade.

A oração é prenúncio e caminho de plenitude. Os orantes, ciganos em busca do Inacessível. Deus é vagabundo. Encontra-se onde menos se espera. Vaga mundo. Está lá no mais ínfimo e no mais pleno. Aqui e agora.

Orar é tornar-se presente. Saudade é sempre ausência. Futuro, busca do que não se possui. Espera do que se sonha. Presente é ser o que se é sendo o que não se é em si, e sim o que se é naquele que É.

Jamais projetar em si o orante que transpira santidade. Nem o galgar de píncaros de virtude.

Deus dorme à soleira da porta, como cão que vigia e espera. Fiel, jamais abandona a casa que o acolhe.

A oração não pode ser medida pela extensão das palavras. Nem pela beleza litúrgica. Tampouco pela harmonia dos cânticos ou pela ausência de conflitos.

Já no século IV, recomendava-se que os coros infantis fossem acompanhados por instrumentos musicais, danças e guizos. Aos olhos da comunidade, os coros dançantes evocavam os bailados angélicos. No século III, Clemente de Alexandria descrevia, em sua *Carta aos gentios*, uma cerimônia de iniciação cristã na qual havia tochas, cantos e danças de roda, "juntamente com os anjos". Eusébio de Cesareia († 339) narra como os cristãos comemoraram a vitória de Constantino dançando diante de Deus: "Com danças e hinos nas cidades e no campo, eles davam a honra primeiro ao Deus do Universo... e depois ao piedoso imperador"[2].

Hoje, temos vergonha do corpo e dos movimentos do corpo. A racionalidade moderna transformou-nos em anjos barrocos: enormes cabeças sobre corpos disformes. Louvamos a Deus com discursos articulados. No entanto, na relação de amor entre um homem e uma mulher as palavras contam menos do que os gestos. Por que já não sabemos ser alegres diante de Deus? Como os sisudos monges de Umberto Eco, em *O nome da rosa*, consideramos o riso um atributo demoníaco? Segundo Dante, no inferno não há esperança nem riso; no purgatório não há riso, mas resta a esperança; e no céu, a esperança já não é necessária, tudo é riso.

Felizmente, há quem ouse quebrar os limites cartesianos que nos prendem à confinada área de uma liturgia ortofônica, repetitiva, para alçar voo ao amplo espaço da gratuidade amorosa. Ao sair da prisão política, em fins de 1973, as monjas beneditinas de Belo Horizonte brindaram-me com um espetáculo de dança animado por uma noviça que viera do balé da Bahia. Elas entendiam de liturgia.

Harvey Cox nos acusa, com razão, de sermos demasiadamente realistas. Vamos perdendo a capacidade de mergulhar na fantasia que, em sua opinião, é uma das marcas de Deus na criatura humana. Através da fantasia – que é diferente da imaginação – criamos mundos inteiros. Pela imaginação, o nosso eu real

---

2   Cf. COX, H. A *festa dos foliões*. Petrópolis: Vozes, 1974, cap. 3. • BACKMAN, L. *Religious Dances in the Christian Church and in Popular Medicine*. Londres: Allen & Unwin, 1952.

se vê em situações diferentes: andando pela rua de outra cidade, falando com uma pessoa distante, voando em torno de uma montanha. Porém, na fantasia somos outro ser, o nosso ser ideal.

Oração é ação, inalação, respiração, conspiração, sublimação, encarnação, conversão, revolução e, sobretudo, paixão.

Oro não somente quando medito, peço, falo ou usufruo do silêncio que acarinha o meu espírito. Oro não apenas no silêncio que me absorve, como vigília permanente, sono desperto, morte gestando vida. Oro, sobretudo, quando meu gesto traz a marca de Jesus.

Pecador, falho e fátuo, não rezo a minha suposta onipotência autocanonizante.

Parece que o limite do amor é uma pele suada, transpirando todos os odores. No entanto, há naquela pele, por aquela pele, através daquela pele, algo que fascina, atrai, seduz – mistério dos mistérios – e nos faz arfar, babar, cuspir, gritar, transpirar e mergulhar de novo na pele que opacamente sacramenta nosso toque na eternidade.

Quando não é o inferno, o outro tem sabor de Deus.

Por quem dobram os sinos?

Pela tristeza de não falarmos a língua dos anjos.

O dualismo indo-europeu nos instiga à luta contra a escravidão do corpo. O pássaro insiste em deixar a gaiola. A carne torna-se objeto da maldição divina. Como se uma parte de nosso ser fosse não ser; de nossa saúde, estivesse enferma; de nossa felicidade, trouxesse a morte.

Não, não é o corpo que tememos, mas a sua inexorável exigência de encarnação. Tememos a matéria-prima de todo compromisso: a corporalidade. O beijo que suscita a sede, o olhar que desperta sonhos, o abraço que funda projetos, o desejo que acorda a "louca da casa", a imaginação. Tememos ser no mundo.

Tememos, não a carne seduzida pelo pecado, mas o fato de todo compromisso ser feito de carne. Encarnação.

Fugir do compromisso é negar o dogma fundamental, assombrosamente materialista: a ressurreição da carne!

Por que ressuscitá-la, se tanto queremos matá-la?

Carne não é carga. É sacramento que se come e bebe.

Deus transpira nos poros dos amantes, na física imponderável do Universo, no sangue e na bílis, na pedra e na poesia, no que se sabe e no que jamais se saberá.

O espírito baila ao som de harpas sobre nuvens eternas, etéreas, éter... Ó doce ilusão num deus que nos esconde de nós mesmos!

No mercado das crendices, há deuses para todos os gostos: deus-tapa-olho, deus-tapa-ouvidos, deus-juiz, deus-policial, deus-terrorista, deus-vampiro, deus-pronto-socorro, deus-anti-Deus. Há inclusive o deus dos que se julgam proprietários privados de Deus.

No entanto, Jesus revela, em si, o Deus do Amor.

Fantasiado de mim mesmo

No Carnaval me fantasiarei de mim mesmo. Arrancarei todos os adornos que me disfarçam aos olhos alheios: a postura arrogante, o olhar altivo, a função que me faz sentir importante, a roupa que me enfeita a personalidade. Desgravatado, descalço, desgarrado do trio elétrico, buscarei um bar para embriagar-me de utopias.

Do coração extrairei todas as pedras que lhe encobrem a textura de carne: a ira e o ódio, a mágoa e o ciúme, a inveja e a indiferença. Cantarei o samba-enredo das bem-aventuranças e trarei alvíssaras aos que padecem de desesperança.

Desnudado desses artifícios que projetam de mim um simulacro, hei de descer do pedestal que me ampara a elevada autoestima para cortar as asas de minha pusilanimidade. Evitarei assim gravar como epitáfio ter sido o que não sou.

Não abominarei minha acidental condição humana, tão frágil e limitada. Despojado dos fantasmas nos quais me espelho, sairei livre e solto no bloco Nau dos Insensatos. Exibirei o meu rosto lavado com todas as rugas gravadas por minha história de vida. Não me envergonharei dos traços irregulares do meu corpo nem cobrirei a cabeça para esconder meus cabelos alvejados.

Neste Carnaval hei de participar do desfile das escolas de sabedoria. Deixarei Buda calar as vozes que tanto gritam dentro de mim, e pedirei a Confúcio ensinar-me o caminho do equilíbrio. Serei discípulo peripatético de Sócrates e aluno disciplinado na Academia de Aristóteles. Farei coro aos magníficos clamores de Maria por justiça, e dançarei com Hipácia nas pedras lisas do porto de Alexandria. Subirei as ladeiras de Assis para saudar aquele que ousou se desfantasiar por completo, e cruzarei as muralhas de Ávila para beijar as mãos daquela que me instrui nas vias da profundência.

Inebriado pelo vinho de Caná, desfilarei no carro alegórico dos místicos e me deixarei conduzir pelas inescrutáveis veredas da meditação. Ao carro abre-alas convidarei todos os incrédulos que professam fé na vida.

Quero muito júbilo neste carnaval, festa da carne transfigurada pela alegria do espírito e transubstanciada pela sacralidade que a impregna. Festa de sorriso d'alma e da partilha perdulária de todos os meus bens materiais e simbólicos.

Nesta louvação de momo, não serei pierrô ou colombina, palhaço ou pirata. Liberto de máscaras e fantasias, ousarei exibir na praça da Apoteose a nudez de meu lado avesso. Haverão de contemplá-la aqueles que, livres dos óculos da ilusão, abrirem os olhos da empatia.

Quando o som agônico da cuíca se calar no irromper da alvorada, desfantasiado de mim mesmo hei de sambar, em reverentes rodopios, em torno do Mestre-sala: Aquele que nos primórdios do tempo, quando nada havia, quebrou a solidão trinitária no exuberante baile, enfeitado de confetes e serpentinas que, iluminados pelo brilho dos fogos, se fizeram estrelas e galáxias para marcar o desfile evolutivo da mãe natureza.

Então a vida irromperá na avenida em todo o seu esplendor, e a multidão verá que não é mera alegoria.

Festa joanina

No dia de São João temos a noite mais longa do ano com direito a fogueira, balões, bandeirinhas coloridas, fogos de artifício, sanfona, quadrilha, quentão, pipoca e paçoca. E danças de mãos entrelaçadas, casais a se trançarem em volteios na roda, a mescla de uma roça marcada pelo ritmo afrancesado. E saber que o outro existe para que ninguém mais repita o lamento de Fernando Pessoa pela boca de Alberto Caeiro:

Noite de São João para além do muro do meu quintal
Do lado de cá, eu sem noite de São João.
Porque há São João onde o festejam.

*Para mim há uma sombra de luz de fogueiras na
noite,
Um ruído de gargalhadas, os baques dos saltos,
E um grito casual de quem não sabe que eu existo.*

Somente o outro permite que eu exista. Somos seres sociais e
a vida é um jogo de alteridades. Talvez isso explique a dificuldade de
nossa memória guardar os traços exatos de nosso rosto. A menos
que o espelho o reflita. É o olhar do outro que molda a minha identidade. É o meu olhar que enternece ou entristece o outro. Assim
como a luz divina transpareceu em Jesus aos olhos de João.

Qual João? Há dois no Evangelho. O primo de Jesus e o
discípulo dileto, autor do quarto evangelho, o mais poético e teológico de todos.

Jesus, segundo a tradição, teria nascido em 25 de dezembro. Lucas registra que Maria, ao visitar a prima Isabel para
anunciar-lhe o início de sua gravidez, a encontrou também grávida, e com ela permaneceu três meses. O que levou a Igreja a
comemorar o nascimento de João, filho de Isabel e do sacerdote
Zacarias, a 24 de junho, seis meses antes de Jesus.

João não quis seguir a carreira sacerdotal do pai. Preferiu
a de monge na comunidade puritana de Qumran, junto ao Mar
Morto. Não se adaptou. Tornou-se pregador ambulante às margens do rio Jordão. Em torno dele se formou uma comunidade de
discípulos, entre os quais Jesus, que por Ele foi batizado. Daí o
epíteto de Batista acrescido ao nome de João.

Enquanto os essênios dividiam o mundo entre puros e impuros, João optou pela ótica bíblica do conflito entre justos e injustos. Sua espiritualidade deitava raízes na ética e na justiça social.
A seus batizandos aconselhava partilhar os bens, jamais explorar
o próximo, não praticar extorsão nem proferir falsas acusações.
Jesus abraçou a via espiritual testemunhada por seu primo.

João ousou denunciar a falta de ética do governador da Galileia, Herodes Antipas, que por isso mandou prendê-lo. Não pretendia, contudo, decretar-lhe a morte, pois conhecia seu prestígio popular. Porém, Salomé, filha de Herodíades, mulher de Antipas, pediu de presente ao governador a cabeça de João em uma bandeja. No que foi atendida.

Ao assassinato de João seguiu-se o início da militância de Jesus. Seus dois primeiros discípulos, os irmãos André e Simão Pedro, haviam participado da comunidade dos seguidores de João. Mais tarde, Jesus também seria assassinado pelo conluio entre dois poderes políticos, por anunciar, dentro do reino de Cesar, outro reino, o de Deus, baseado em dois paradigmas: na relação pessoal, o amor; na social, a partilha de bens.

O outro João registra, no prólogo de seu evangelho, que o primeiro João "não era a luz, mas veio para dar testemunho da luz". Jesus era a luz.

João e Jesus são luzes que brilham nas trevas, assim como as chamas da fogueira quebram o negrume da noite e nos aquecem o coração. Celebrar esta festa joanina, em junho ou julho, é abraçar uma espiritualidade que desafia as trevas atuais e projeta a luz da esperança em tempos tão sombrios.

Como João, somos chamados a ser testemunhas da luz. Quando me perguntam se, nessa conjuntura brasileira, vejo luz no fim do túnel, respondo que, infelizmente, roubaram também o túnel. Mas não a luz. Como proclama José Régio em *Cântico negro*,
Não sei por onde vou,
Não sei para onde vou,
Sei que não vou por aí!

E na busca de horizontes me agarro a esta convicção: há que guardar o pessimismo para dias melhores!

Nasce Jesus

Samuel se arrasta até a entrada e levanta a lamparina de azeite à altura do rosto do forasteiro.

— José!? — admira-se Samuel.

— Shalom, Samuel! Acabo de chegar de Nazaré. Foram quatro dias de viagem.

Volta o braço direito para trás e puxa a mulher para junto de si.

— Esta é Maria.

A moça recolhe os olhos ao chão.

— Carecemos de pouso. Esperamos um filho para esses dias.

Samuel abaixa a lamparina e alisa os cabelos fartos como se apalpasse a mente em busca de palavras para expressar-lhe os sentimentos.

— José, perdoa-me. Somos irmãos, mas não posso receber-vos em minha estalagem. Já não me resta nenhum quarto. Tu sabes, nesta semana haverá o recenseamento ordenado pelo Imperador.

José vira o rosto em direção a Maria. Ela se livra do braço do marido. Sente-se decepcionada por tantas portas que não se abrem.

— Podemos ao menos lavar os pés e as mãos e encher as ânforas? — pergunta José.

— Entrem, diz Samuel. — Tu conheces a casa.

Enquanto Maria se refaz, os irmãos se acomodam em torno da mesa. Samuel estende uma copa de vinho a José e também se serve.

– José, estamos todos preocupados contigo. Será que só tu ignoras que és motivo de chacota da Galileia à Judeia?

– E por quê? O que há de errado em minha vida?

– Tudo, José. És o único da família que ainda rasteja os pés na pobreza. Não consegues manter-te dignamente com o teu trabalho. Nem sequer possui tua própria oficina.

– Ora, Samuel, tu bem sabes que desde que comecei a ver com olhos críticos os escribas de Belém e os saduceus de Jerusalém, sou tratado como um samaritano.

Os olhos de Samuel chispam em fagulhas.

– És orgulhoso, José! Não vês que, de toda a família, só tu não progrediste?

Enquanto os dois discutem, Maria termina de lavar-se. Sentada a um canto, faz correr os dedos delicados sobre o ventre inchado. As primeiras contrações se anunciam.

– És tão ingênuo, José. Não sabes que és motivo de riso em toda a Judeia? Todos sabem que essa moça traz no seio um filho que não é teu.

José levanta-se ríspido.

– És tão peçonhento quanto a mais perigosa das serpentes, Samuel! Maria e eu fomos agraciados por Javé, que nela gera seu próprio filho. Um anjo assegurou-nos que assim é.

– Anjo? Ora, anjo! – exclama Samuel animado pelo vinho.

Maria, que se aproxima, cessa o passo ao escutar o tom de escárnio.

– José, se essa criança vier ao mundo nesses dias, que dirás aos recenseadores? Mentirás que és o pai?

Na madrugada de Belém, José e Maria ingressam por um pasto além dos limites da cidade. Maria sente aumentarem as contrações. Julga que é efeito das diatribes de Samuel. José encontra um cocho forrado de palha de trigo. Vacas, carneiros e cabras vagueiam em volta. Com mantas, José cobre o chão e deita Maria.

Acende o lume, lava as mãos e ajeita em torno de si uma gamela de madeira e tiras de pano preparadas para a ocasião. Desembrulha do linho uma lâmina de cobre e deixa que o corte seja lambido pela chama do fogo. A mulher geme com as mãos presas ao ventre. O marido não consegue distinguir-lhe as palavras, sem a certeza de que ela sussurra José ou Javé.

Pouco depois, José termina o trabalho de parto. As primeiras luzes da manhã permitem ao casal contemplar a face morena do menino. Maria aperta o bebê em seu seio, que Ele suga ávido, enquanto os pezinhos resvalam agitados no ventre da mãe, em busca de apoio. José besunta a mão calosa de azeite e passa suavemente sobre a pele de Jesus.

Louvor holístico

Século XIII. Em Assis, o jovem Francisco, inebriado pelo amor divino, expressa, por todos nós, o louvor à criação.

Eis em cada um de nós o dom maior de Deus: a vida!

Somos todos irmãos e irmãs, feitos igualmente de barro e sopro, ainda que a nossa fraternura seja dificultada por desigualdades, preconceitos, discriminações e exclusões.

Louvado seja o *Big Bang* há 13,7 bilhões de anos! Explosão magnífica de partículas que, atraídas pelo Amor, forjaram átomos, moléculas e células.

O Sol nos aquece, o oxigênio nos abastece, a fotossíntese nos alimenta, comungamos a natureza a cada refeição.

Somos todos peregrinos a bordo deste planeta – a Terra –, que baila ao som da música sideral no giro incessante desta imensa galáxia, a Via Láctea.

Todo o Universo conspira para você e eu, todos nós, estarmos aqui e agora.

O Universo é o ventre de Deus. Um dia haveremos de transvivenciar na (e)terna idade.

Louvado seja o Mistério, fonte de todos os dons que recebemos e desfrutamos.

Obras de Frei Betto

Edições nacionais

1 *Cartas da prisão* – 1969-1973. Rio de Janeiro: Agir, 2008 [Essas cartas foram publicadas anteriormente em duas obras: *Cartas da prisão* e *Das catacumbas*. Rio de Janeiro: Civilização Brasileira. *Cartas da prisão*, editada em 1974, teve a 6ª edição lançada em 1976. Nova edição: São Paulo: Companhia das Letras, 2017].

2 *Das catacumbas*. Rio de Janeiro: Civilização Brasileira, 1976 [3ª ed., 1985]. – Obra esgotada.

3 *Oração na ação*. Rio de Janeiro: Civilização Brasileira, 1977 [3ª ed., 1979]. – Obra esgotada.

4 *Natal, a ameaça de um menino pobre*. Petrópolis: Vozes, 1978. – Obra esgotada.

5 *A semente e o fruto, Igreja e Comunidade*. Petrópolis: Vozes [3ª ed., 1981]. – Obra esgotada.

6 *Diário de Puebla*. Rio de Janeiro: Civilização Brasileira, 1979 [2ª ed., 1979]. – Obra esgotada.

7 *A vida suspeita do subversivo Raul Parelo* [contos]. Rio de Janeiro: Civilização Brasileira, 1979 (esgotada). Reeditada sob o título de *O aquário negro*. Rio de Janeiro: Difel, 1986. Nova edição do Círculo do Livro, 1990. Em 2009, foi lançada pela Agir nova edição revista e ampliada. Rio de Janeiro. – Obra esgotada.

8 *Puebla para o povo.* Petrópolis: Vozes, 1979 [4ª ed. 1981]. – Obra esgotada.

9 *Nicarágua livre, o primeiro passo.* Rio de Janeiro: Civilização Brasileira, 1980. Dez mil exemplares editados em Jornalivro. São Bernardo do Campo: ABCD-Sociedade Cultural, 1981. – Obra esgotada.

10 *O que é Comunidade Eclesial de Base.* São Paulo: Brasiliense [5ª ed., 1985]. Coedição Abril (São Paulo, 1985) para bancas de revistas e jornais. – Obra esgotada.

11 *O fermento na massa.* Petrópolis: Vozes, 1981. – Obra esgotada.

12 *CEBs, rumo à nova sociedade.* São Paulo: Paulinas [2ª ed., 1983]. – Obra esgotada.

13 *Fogãozinho, culinária em histórias infantis* [com receitas de Maria Stella Libanio Christo]. Rio de Janeiro: Nova Fronteira, 1984 [3ª ed., 1985]. Nova edição da Mercuryo Jovem (São Paulo, 2002) [7ª ed.].

14 *Fidel e a religião, conversas com Frei Betto.* São Paulo: Brasiliense, 1985 [23ª ed., 1987]. São Paulo: Círculo do Livro, 1989 (esgotada). Terceira edição, ampliada e ilustrada com fotos. São Paulo: Fontanar, 2016.

15 *Batismo de sangue* – Os dominicanos e a morte de Carlos Marighella. Rio de Janeiro: Civilização Brasileira, 1982 [7ª ed., 1985]. Reeditado pela Bertrand do Brasil (Rio de Janeiro, 1987) [10ª ed., 1991]. São Paulo: Círculo do Livro, 1982. Em 2000 foi lançada a 11ª ed., revista e ampliada – *Batismo de sangue: a luta clandestina contra a ditadura militar* – Dossiês Carlos Marighella & Frei Tito –, pela Casa Amarela, São Paulo. Em 2006, foi lançada a 14ª ed., revista e ampliada, pela Rocco.

16 *OSPB* – Introdução à política brasileira. São Paulo: Ática, 1985 [18ª ed., 1993]. – Obra esgotada.

17 *O dia de Angelo* [romance]. São Paulo: Brasiliense, 1987 [3ª ed., 1987]. São Paulo: Círculo do Livro, 1990. – Obra esgotada.

18 *Cristianismo & marxismo*. Petrópolis: Vozes [3ª ed., 1988]. – Obra esgotada.

19 *A proposta de Jesus* – Catecismo popular, vol. I. São Paulo: Ática, 1989 [3ª ed., 1991]. – Obra esgotada.

20 *A comunidade de fé* – Catecismo popular, vol. II. São Paulo: Ática, 1989 [3ª ed., 1991]. – Obra esgotada.

21 *Militantes do reino* – Catecismo popular, vol. III. São Paulo: Ática, 1990 [3ª ed., 1991]. – Obra esgotada.

22 *Viver em comunhão de amor* – Catecismo popular, vol. IV. São Paulo: Ática, 1990 [3ª ed., 1991]. Obra esgotada.

23 *Catecismo popular* [versão condensada]. São Paulo: Ática, 1992 [2ª ed., 1994]. – Obra esgotada.

24 *Lula* – Biografia política de um operário. São Paulo: Estação Liberdade, 1989 [8ª ed., 1989]. *Lula:* Um operário na Presidência. São Paulo: Casa Amarela, 2003 – Edição revista e atualizada.

25 *A menina e o elefante* [infanto-juvenil]. São Paulo: FTD, 1990 [6ª ed., 1992]. Em 2003, foi lançada nova edição revista pela Editora Mercuryo Jovem, São Paulo [3ª ed.].

26 *Fome de pão e de beleza*. São Paulo: Siciliano, 1990. – Obra esgotada.

27 *Uala, o amor* [infanto-juvenil]. São Paulo: FTD, 1991 [12ª ed., 2009]. Nova edição, 2016.

28 *Sinfonia universal, a cosmovisão de Teilhard de Chardin*. São Paulo: Ática, 1997 [5ª ed. revista e ampliada]. A 1ª ed. foi editada pelas Letras & Letras, São Paulo, 1992 [3ª ed. 1999]. Petrópolis: Vozes, 2011.

29 *Alucinado som de tuba* [romance]. São Paulo: Ática, 1993 [20ª ed., 2000].

30 *Por que eleger Lula presidente da República* [Cartilha popular]. São Bernardo do Campo: FG, 1994. – Obra esgotada.

31 *O paraíso perdido* – Nos bastidores do socialismo. São Paulo: Geração, 1993 [2ª ed., 1993]. Na edição atualizada, ganhou o título *O paraíso perdido* – Viagens ao mundo socialista. Rio de Janeiro: Rocco, 2015.

32 *Cotidiano & mistério*. São Paulo: Olho d'Água, 1996 [2ª ed. 2003]. – Obra esgotada.

33 *A obra do Artista* – Uma visão holística do universo. São Paulo: Ática, 1995 [7ª ed., 2008]. Rio de Janeiro: José Olympio, 2011.

34 *Comer como um frade* – Divinas receitas para quem sabe por que temos um céu na boca. Rio de Janeiro: Francisco Alves, 1996 [2ª ed., 1997]. Rio de Janeiro: José Olympio, 2003.

35 *O vencedor* [romance]. São Paulo: Ática, 1996 [15ª ed., 2000].

36 *Entre todos os homens* [romance]. São Paulo: Ática, 1997 [8ª ed., 2008]. Na edição atualizada, ganhou o título *Um homem chamado Jesus*. Rio de Janeiro: Rocco, 2009.

37 *Talita abre a porta dos evangelhos*. São Paulo: Moderna, 1998. – Obra esgotada.

38 *A noite em que Jesus nasceu*. Petrópolis: Vozes, 1998. – Obra esgotada.

39 *Hotel Brasil* [romance policial]. São Paulo: Ática, 1999 [2ª ed., 1999]. Na edição atualizada, ganhou o título *Hotel Brasil* – O mistério das cabeças degoladas. Rio de Janeiro: Rocco, 2010.

40 *A mula de Balaão*. São Paulo: Salesiana, 2001.

41 *Os dois irmãos*. São Paulo: Salesiana, 2001.

42 A *mulher samaritana*. São Paulo: Salesiana, 2001.

43 *Alfabetto* – Autobiografia escolar. São Paulo: Ática, 2002 [4ª ed.].

44 *Gosto de uva* – Textos selecionados. Rio de Janeiro: Garamond, 2003.

45 *Típicos tipos* – Coletânea de perfis literários. São Paulo: A Girafa, 2004. – Obra esgotada.

46 *Saborosa viagem pelo Brasil* – Limonada e sua turma em histórias e receitas a bordo do fogãozinho [com receitas de Maria Stella Libanio Christo]. São Paulo: Mercuryo Jovem, 2004 [2ª ed.].

47 *Treze contos diabólicos e um angélico*. São Paulo: Planeta do Brasil, 2005.

48 *A mosca azul – Reflexão sobre o poder*. Rio de Janeiro: Rocco, 2006.

49 *Calendário do poder*. Rio de Janeiro: Rocco, 2007.

50 *A arte de semear estrelas*. Rio de Janeiro: Rocco, 2007.

51 *Diário de Fernando* – Nos cárceres da ditadura militar brasileira. Rio de Janeiro: Rocco, 2009.

52 *Maricota e o mundo das letras*. São Paulo: Mercuryo/Novo Tempo, 2009.

53 *Minas do ouro*. Rio de Janeiro, Rocco, 2011.

54 *Aldeia do silêncio*. Rio de Janeiro: Rocco, 2013.

55 *O que a vida me ensinou*. São Paulo: Saraiva, 2013.

56 *Fome de Deus* – Fé e espiritualidade no mundo atual. São Paulo: Paralela, 2013.

57 *Reinventar a vida*. Petrópolis: Vozes, 2014.

58 *Começo, meio e fim*. Rio de Janeiro: Rocco, 2014.

59 *Oito vias para ser feliz*. São Paulo: Planeta, 2014.

60 *Um Deus muito humano* – Um novo olhar sobre Jesus. São Paulo: Fontanar, 2015.

61 *Ofício de escrever*. Rio de Janeiro: Rocco, 2017.

62 *Parábolas de Jesus* – Ética e valores universais. Petrópolis: Vozes, 2017.

63 *Por uma educação crítica e participativa*. Rio de Janeiro: Rocco, 2018.

64 *Sexo, orientação sexual e "ideologia de gênero"*. Rio de Janeiro: Grupo Emaús, 2018 [Coleção Saber].

65 *Fé e afeto* – Espiritualidade em tempos de crise. Petrópolis: Vozes, 2019.

Sobre Frei Betto

1 *Frei Betto: biografia* [Prefácio de Fidel Castro] [por Américo Freire e Evanize Sydow]. Rio de Janeiro: Civilização Brasileira, 2016.

Em coautoria

1 *O canto na fogueira* [com Frei Fernando de Brito e Ivo Lesbaupin]. Petrópolis: Vozes, 1976.

2 *Ensaios de complexidade* [com Edgar Morin, Leonardo Boff e outros]. Porto Alegre: Sulina, 1977. – Obra esgotada.

3 *O povo e o papa* – Balanço crítico da visita de João Paulo II ao Brasil [com Leonardo Boff e outros]. Rio de Janeiro: Civilização Brasileira, 1980. – Obra esgotada.

4 *Desemprego:* causas e consequências [com Dom Cláudio Hummes, Paulo Singer e Luiz Inácio Lula da Silva]. São Paulo: Paulinas, 1984. – Obra esgotada.

5 *Sinal de contradição* [com Afonso Borges Filho]. Rio de Janeiro: Espaço e Tempo, 1988. – Obra esgotada

6 *Essa escola chamada vida* [com Paulo Freire e Ricardo Kotscho]. São Paulo: Ática, 1988 [18ª ed., 2003] – Obra esgotada.

7 *Teresa de Jesus:* filha da Igreja, filha do Carmelo [com Frei Cláudio van Belen, Frei Paulo Gollarte, Frei Patrício Sciadini e outros]. São Paulo: Instituto de Espiritualidade Tito Brandsma, 1989. – Obra esgotada.

8 *O plebiscito de 1993* – Monarquia ou República? Parlamentarismo ou presidencialismo? [com Paulo Vannuchi]. Rio de Janeiro: Iser, 1993. – Obra esgotada.

9 *Mística e espiritualidade* [com Leonardo Boff]. Rio de Janeiro: Rocco, 1994 [4ª ed., 1999]. Rio de Janeiro: Garamond [6ª ed., revista e ampliada, 2005]. Petrópolis: Vozes, 2009.

10 *A reforma agrária e a luta do MST* [com VV.AA.]. Petrópolis: Vozes, 1997. – Obra esgotada.

11 *O desafio ético* [com Eugenio Bucci, Luís Fernando Veríssimo, Jurandir Freire Costa e outros]. Rio de Janeiro/Brasília, Garamond/Codeplan, 1997 [4ª ed.].

12 *Direitos mais humanos* [org. por Chico Alencar, com textos de Frei Betto, Nilton Bonder, Dom Pedro Casaldáliga, Luiz Eduardo Soares e outros]. Rio de Janeiro: Garamond, 1998.

13 *Carlos Marighella:* o homem por trás do mito [coletânea de artigos org. por Cristiane Nova e Jorge Nóvoa]. São Paulo: Unesp, 1999. – Obra esgotada.

14 *7 pecados do capital* [coletânea de artigos org. por Emir Sader]. Rio de Janeiro: Record, 1999. – Obra esgotada.

15 *Nossa paixão era inventar um novo tempo* – 34 depoimentos de personalidades sobre a resistência à ditadura militar [org. de Daniel Souza e Gilmar Chaves]. Rio de Janeiro: Rosa dos Tempos, 1999. – Obra esgotada.

16 *Valores de uma prática militante* [com Leonardo Boff e Ademar Bogo]. São Paulo: Consulta Popular, 2000 [Cartilha n. 09]. – Obra esgotada.

17 *Brasil 500 Anos*: trajetórias, identidades e destinos. Vitória da Conquista: Uesb, 2000 [Série Aulas Magnas]. – Obra esgotada.

18 *Quem está escrevendo o futuro?* – 25 textos para o século XXI [coletânea de artigos org. por Washington Araújo]. Brasília: Letraviva, 2000. – Obra esgotada.

19 *Contraversões* – Civilização ou barbárie na virada do século [em parceria com Emir Sader]. São Paulo: Boitempo, 2000. – Obra esgotada.

20 *O indivíduo no socialismo* [com Leandro Konder]. São Paulo: Fundação Perseu Abramo, 2000. – Obra esgotada.

21 *O Decálogo* [contos] [com Carlos Nejar, Moacyr Scliar, Ivan Angelo, Luiz Vilela, José Roberto Torero e outros]. São Paulo: Nova Alexandria, 2000 – Obra esgotada.

22 *As tarefas revolucionárias da juventude* [reunindo também textos de Fidel Castro e Lênin]. São Paulo: Expressão Popular, 2000. – Obra esgotada.

23 *Estreitos nós* – Lembranças de um semeador de utopias [com Zuenir Ventura, Chico Buarque, Maria da Conceição Tavares e outros]. Rio de Janeiro: Garamond, 2001. – Obra esgotada.

24 *Diálogos criativos* [em parceria com Domenico de Masi e José Ernesto Bologna]. São Paulo: DeLeitura, 2002. Rio de Janeiro: Sextante, 2006.

25 *Democracia e construção do público no pensamento educacional brasileiro* [org. de Osmar Fávero e Giovanni Semeraro]. Petrópolis: Vozes, 2002. – Obra esgotada.

26 *Por que nós, brasileiros, dizemos não à guerra* [em parceria com Ana Maria Machado, Joel Birman, Ricardo Setti e outros]. São Paulo: Planeta, 2003.

27 *A paz como caminho* [com José Hermógenes de Andrade, Pierre Weil, Jean-Yves Leloup, Leonardo Boff, Cristovam Buarque e outros] [coletânea de textos org. por Dulce Magalhães, apresentados no Festival Mundial da Paz]. Rio de Janeiro: Qualitymark, 2006.

28 *Lições de gramática para quem gosta de literatura* [com Moacyr Scliar, Luís Fernando Veríssimo, Paulo Leminsky, Rachel de Queiroz, Ignácio de Loyola Brandão e outros]. São Paulo: Panda Books, 2007.

29 *Sobre a esperança – Diálogo* [com Mario Sergio Cortella]. São Paulo: Papirus, 2007.

30 *40 olhares sobre os 40 anos da* Pedagogia do oprimido [com Mario Sergio Cortella, Sérgio Haddad, Leonardo Boff Rubem Alves e outros]. Instituto Paulo Freire, 30/10/2008.

31 *Dom Cappio*: rio e povo [com Aziz Ab'Sáber, José Comblin, Leonardo Boff e outros]. São Paulo: Centro de Estudos Bíblicos, 2008.

32 *O amor fecunda o universo* – Ecologia e espiritualidade [com Marcelo Barros]. Rio de Janeiro: Agir, 2009. – Obra esgotada.

33 *O parapitinga Rio São Francisco* [fotos de José Caldas, com Walter Firmo, Fernando Gabeira, Murilo Carvalho e outros]. Rio de Janeiro: Casa da Palavra.

34 *Conversa sobre a fé e a ciência* [com Marcelo Gleiser]. Rio de Janeiro: Agir, 2011. – Obra esgotada.

35 *Bartolomeu Campos de Queirós* – Uma inquietude encantadora [com Ana Maria Machado, João Paulo Cunha, José Castello, Marina Colasanti, Carlos Herculano Lopes e outros]. São Paulo: Moderna, 2012. – Obra esgotada.

36 *Belo Horizonte* – 24 autores [com Affonso Romano de Sant'Anna, Fernando Brant, Jussara de Queiroz e outros]. Belo Horizonte: Mazza.

37 *Dom Angélico Sândalo Bernardino* – Bispo profeta dos pobres e da justiça [com Dom Paulo Evaristo Arns, Dom Pedro Casaldáliga, Dom Demétrio Valentini, Frei Gilberto Gorgulho, Ana Flora Andersen e outros]. São Paulo: Acdem, 2012.

38 *Depois do silêncio* – Escritos sobre Bartolomeu Campos de Queirós [com Chico Alencar, José Castello, João Paulo Cunha e outros]. Belo Horizonte: RHJ Livros, 2013.

39 *Nos idos de março* – A ditadura militar na voz de 18 autores brasileiros [com Antonio Callado, Nélida Piñon, João Gilberto Noll e outros]. São Paulo: Geração, 2014.

40 *Mulheres* [com Affonso Romano de Sant'anna, Fernando Fabbrini, Dagmar Braga e outros]. Belo Horizonte: Mazza, 2014.

41 *O budista e o cristão*: um diálogo pertinente [com Heródoto Barbeiro]. São Paulo: Fontanar, 2017.

42 *Advertências e esperanças* – Justiça, paz e direitos humanos [com Frei Carlos Josaphat, Marcelo Barros, Frei Henri Des Roziers, Ana de Souza Pinto e outros]. Goiânia: PUC-Goiás, 2014.

43 *Marcelo Barros* – A caminhada e as referências de um monge [com Dom Pedro Casaldáliga, Dom Tomás Balduino, Carlos Mesters, João Pedro Stédile e outros]. Recife: Edição dos Organizadores, 2014.

44 *Dom Paulo Evaristo Cardeal Arns*: pastor das periferias, dos pobres e da justiça [com Dom Pedro Casaldáliga, Fernando Altemeyer Júnior, Dom Demétrio Valentim e outros]. São Paulo: Casa da Terceira Idade Tereza Bugolim, 2015.

45 *Cuidar da casa comum* [com Leonardo Boff, Maria Clara Lucchetti Bingemer, Pedro Ribeiro de Oliveira, Marcelo Barros, Ivo Lesbaupin e outros]. São Paulo: Paulinas, 2016.

46 *Criança e consumo* – 10 anos de transformação [com Clóvis de Barros Filho, Ana Olmos, Adriana Cerqueira de Souza e outros]. São Paulo: Instituto Alana, 2016.

47 *Por que eu e não outros?* – Caminhada de Adilson Pires da periferia para a cena política carioca [com Jailson de Souza e Silva e Eliana Sousa Silva]. Rio de Janeiro: Observatório de Favelas/Agência Diálogos, 2016.

48 *Em que creio eu* [com Ivone Gebara, Jonas Resende, Luiz Eduardo Soares, Márcio Tavares d'Amaral, Leonardo Boff e outros]. São Paulo: Terceira Via, 2017.

49 *(Neo) Pentecostalismos e sociedade:* impactos e/ou cumplicidades [com Pedro Ribeiro de Oliveira, Faustino Teixeira, Magali do Nas-

cimento Cunha, Sinivaldo A. Tavares, Célio de Pádua Garcia]. São Paulo: Terceira Via/Fonte Editorial, 2017.

50 *Dom Paulo* – Testemunhos e memórias sobre o Cardeal dos Pobres [com Clóvis Rossi, Fábio Konder Comparato, Fernando Altemeyer Júnior, Leonardo Boff e outros]. São Paulo: Paulinas, 2018.

51 *Jornadas Teológicas Dom Helder Camara* – Semeando a esperança de uma Igreja pobre, servidora e libertadora. Recife, 2017 [Palestras, volumes I e II, org. pelo Conselho Editorial Igreja Nova].

52 *Lula livre-Lula livro* [obra org. por Ademir Assunção e Marcelino Freire] [com Raduan Nassar, Aldir Blanc, Eric Nepomuceno, Manuel Herzog e outros]. São Paulo, jul./2018.

53 *Direito, arte e liberdade* [obra org. por Cris Olivieri e Edson Natale]. São Paulo: Sesc-São Paulo, 2018.

54 *Papa Francisco com os movimentos populares* [obra org. por Francisco de Aquino Júnior, Maurício Abdalla e Robson Sávio] [com Chico Whitaker, Ivo Lesbaupin, Macelo Barros e outros]. São Paulo: Paulinas, 2018.

55 *Ternura cósmica* – Leonardo Boff, 80 anos [com Maria Helena Arrochellas, Marcelo Barros, Michael Lowy, Rabino Nilton Bonder, Carlos Mesters e outros]. Petrópolis: Vozes, 2018.

56 *Maria Antonia: uma rua na contramão* – 50 anos de uma batalha [com Antonio Candido, Mário Schenberg, Adélia Bezerra de Meneses]. São Paulo: Universidade de São Paulo/Faculdade de Filosofia, Letras e Ciências Humanas, 2018.

Edições estrangeiras

1 *Dai soterranei della storia*. Milão: Arnoldo Mondadori [2ª ed., 1973]. • *L'Église des prisons*. Paris: Desclée de Brouwer, 1972. • *La Iglesia encarcelada*. Buenos Aires: Rafael Cedeño, 1973. • *Creo desde la carcel*. Bilbao: Desclée de Brouwer, 1976. • *Creo desde la*

carcel. Bilbao: Desclée de Brouwer, 1976. • *Lettres de prison*. Paris: Du Cerf, 1980. • *Lettere dalla prigione*. Bolonha: Dehoniane, 1980. • *Brasilianische passion*. Munique: Kösel Verlag, 1973. • *Fangelsernas Kyrka*. Estocolmo: Gummessons, 1974. • *Geboeid Kijk ik om mij heen*. Bélgica: Gooi en sticht bvhilversum, 1974. • *Against principalities and powers*. Nova York: Orbis Books, 1977.

2 *Novena di San Domenico*. Brescia: Queriniana, 1974.

3 *17 días en Puebla*. México: CRI, 1979. • *Diario di Puebla*. Brescia: Queriniana, 1979.

4 *La preghiera nell'azione*. Bolonha: Dehoniane, 1980.

5 *Que es la Teología de la Liberación?* Lima: Celadec, 1980.

6 *Puebla para el Pueblo*. México: Contraste, 1980.

7 *Battesimo di sangue*. Bolonha: Asal, 1983. • *Les frères de Tito*. Paris: Du Cerf, 1984. • *La pasión de Tito*. Caracas: Dominicos, 1987. Nova edição revista e ampliada publicada pela Sperling & Kupfer, Milão, 2000. • Ekdoseis twn Synadelfwn. Grécia, 2015. Santiago de Cuba: Oriente, 2018.

8 *El acuario negro*. Havana: Casa de las Américas, 1986.

9 *La pasión de Tito*. Caracas: Dominicos, 1987.

10 *El día de Angelo*. Buenos Aires: Dialéctica, 1987. • *Il giorno di Angelo*. Bolonha: EMI, 1989.

11 *Los 10 mandamientos de la relación fe y politica*. Cuenca: Cecca, 1989. • *Diez mandamientos de la relación fe y política*. Panamá: Ceaspa, 1989.

12 *De espaldas a la muerte* – Dialogos con Frei Betto. Guadalajara: Imdec, 1989.

13 *Fidel y la religióni*. Havana: Oficina de Publicaciones del Consejo de Estado, 1985. Nova edição, Havana: Ciencias Sociales, 2018. Até 1995, editado nos seguintes países: México, República Dominicana, Equador, Bolívia, Chile, Colômbia, Argentina, Portugal, Espa-

nha, França, Holanda, Suíça (em alemão), Itália, Tchecoslováquia (em tcheco e inglês), Hungria, República Democrática da Alemanha, Iugoslávia, Polônia, Grécia, Filipinas, Índia (em dois idiomas), Sri Lanka, Vietnã, Egito, Estados Unidos, Austrália, Rússia, Turquia. Há uma edição cubana em inglês. Austrália: Ocean Press, 2005. Havana, Ciencias Sociales, 2018.

14 *Lula* – Biografía política de un obrero. Cidade do México: MCCLP, 1990.

15 *A proposta de Jesus*. Gwangju, Korea: Work and Play Press, 1991.

16 *Comunidade de fé*. Gwangju: Work and Play Press, 1991.

17 *Militantes do reino*. Gwangju: Work and Play Press, 1991.

18 *Viver em comunhão de amor*. Gwangju: Work and Play Press, 1991.

19 *Het waanzinnige geluid van de tuba*. Baarn, Holanda: Fontein, 1993. • *Allucinante suono di tuba*. Celleno, Itália: La Piccola, 1993. • *La musica nel cuore di un bambino* [romance]. Milão: Sperling & Kupfer, 1998. • *Increíble sonido de tuba*. Espanha: SM, 2010. • *Alucinado son de tuba*. Santa Clara, Cuba: Sed de Belleza, 2017.

20 *Uala Maitasuna*. Tafalla, Espanha: Txalaparta, 1993. • *Uala, el amor*. Havana: Gente Nueva, 2016.

21 *Día de Angelo*. Tafalla: Txalaparta, 1993.

22 *La obra del Artista – Una visión holística del universo*. Havana: Caminos, 1998. Nova edição foi lançada em Cuba, em 2010, pela Editorial Nuevo Milênio. Córdoba, Argentina: Barbarroja, 1998. Madri: Trotta, 1999. Havana: Ciencias Sociales, 2009.

23 *Un hombre llamado Jesus* [romance]. Havana: Caminos, 1998 [nova ed., 2009]. • *Uomo fra gli uomini* [romance]. Milão: Sperling & Kupfer, 1998. • *Quell'uomo chiamato Gesù*. Bolonha: EMI, 2011.

24 *Gli dei non hanno salvato l'America – Le sfide del nuovo pensiero político latino-americano*. Milão: Sperling & Kupfer, 2003. • *Gosto*

de uva. Milão: Sperling & Kupfer, 2003. • *Sabores y saberes de la vida* – Escritos escogidos. Madri: PPC, 2004.

25 *Hotel Brasil*. França: Ed. de l'Aube, 2004. Itália: Cavallo di Ferro, Itália, 2006. • *Hotel Brasil* – The mistery of severed heads. Inglaterra: Bitter Lemon Press, 2014. Havana: Arte y Literatura, 2019.

26 *El fogoncito*. Cuba: Gente Nueva, 2007.

27 *El ganhador*. Espanha: SM, 2010.

28 *La mosca azul* – Reflexión sobre el poder. Austrália: Ocean Press, 2005. Havana: Ciencias Sociales, 2013.

29 *Maricota y el mundo de las letras*. Havana: Gente Nueva, 2012.

30 *El comienzo, la mitad y el fin*. Havana: Gente Nueva, 2014.

31 *Un sabroso viaje por Brasil* – Limonada y su grupo en cuentos y recetas a bordo del fogoncito. Havana: Gente Nueva, 2013.

32 *La niña y el elefante*. Havana: Gente Nueva, 2015.

33 *Minas del oro*. Havana: Arte y Literatura, 2015.

34 *Paraíso perdido* – Viajes por el mundo socialista. Havana: Ciencias Sociales, 2016.

35 *Lo que la vida me enseño* – El desafio consiste siempre en darle sentido a la existencia. Havana: Caminos, 2017.

36 *Fede e politica*. Itália: Rete Radié Resch, 2018.

37 *El hombre que podia casi todo*. Havana: Gente Nueva, 2018.

Edições estrangeiras em coautoria

1 *Comunicación popular y alternativa* [com Regina Festa e outros]. Buenos Aires: Paulinas, 1986.

2 *Mística y espiritualidade* [com Leonardo Boff]. Buenos Aires: Cedepo, 1995. Itália: Cittadella, 1995.

3 *Palabras desde Brasil* [com Paulo Freire e Carlos Rodrigues Brandão]. Havana: Caminos, 1996.

4 *Hablar de Cuba, hablar del Che* [com Leonardo Boff]. Havana, 1999.

5 *Non c'e progresso senza felicita* [em parceria com Domenico de Masi e José Ernesto Bologna]. Milão: Rizzoli/RCS Libri, 2004.

6 *Dialogo su pedagogia, ética e partecipazione política* [em parceria com Luigi Ciotti]: Turim: EGA, 2004.

7 *Ten eternal questions* – Wisdom, insight and reflection for life's journey [em parceria com Nelson Mandela, Bono, Dalai Lama, Gore Vidal, Jack Nicholson e outros] [org. por Zoë Sallis]. Londres: Duncan Baird, 2005. Edição portuguesa pela Platano Editora, Lisboa, 2005.

8 *50 cartas a Dios* [em parceria com Pedro Casaldaliga, Federico Mayor Zaragoza e outros]. Madri: PPC, 2005.

9 *The Brazilian short story in the late twentieth century* – A selection from nineteen authors. Canadá: Edwin Mellen, 2009.

10 *Reflexiones y vivencias en torno a la educación* [VV.AA]. Espanha: SM, 2010.

11 *El amor fecunda el universo*: ecologia y espiritualidade [com Marcelo Barros]. Madri/Havana: PPC/Ciencias Sociales, 2012.

12 *Brasilianische kurzgeschichten* [com Lygia Fagundes Telles, Rodolfo Konder, Deonísio da Silva, Marisa Lajolo e outros]. Alemanha: Arara-Verlag, 2013.

13 *Laudato si' cambio climático y sistema económico* [com François Houtart]. Centro de Publicaciones/Pontifícia Univesrsidad Católica del Ecuador, 2016.

14 *Hablan dos educadores populares*: Paulo Freire y Frei Betto. Havana: Caminos, 2017 [Colección Educación Popular del Mundo].

15 *Golpe en Brasil* – Genealogia de una farsa [com Noam Chomsky, Michel Löwy, Adolfo Pérez Esquivel, entre outros]. Argentina: Clacso, jun./2016.

16 *América Latina en la encrucijada* [com Atilio Borón]. Argentina: Fundación German Abdala, 2018.

17 *Nuestro amigo Leal* [com vários escritores]. Cuba: Boloña, 2018.

18 *III Seminário Internacional Realidades, paradigmas y desafíos de la integración* [com Ignacio Ramonet, Miguel Ángel Pérez Pirela, Miguel Mejía, Francisco Telémaco Talavera, entre outros]. Ministério para Políticas de Integración Regional de República Dominicana, 2018.

Sobre Frei Betto

1 *Una biografía*. Havana: José Martí, 2017 [Prólogo de Fidel Castro, Américo Freire e Evanize Sydow].

2 *Sueño y razón en Frei Betto* – Entrevista al fraile dominico, escritor y teólgo brasileño [Alicia Elizundia Ramírez]. Havana: Pablo de la Torriente, 2018. Equador: Abya-Yala, 2018.

As Orações da Humanidade
Das tradições religiosas do mundo inteiro

Faustino Teixeira e Volney J. Berkenbrock

Nesse livro de orações a atenção voltar-se-á para as preces que compõem o repertório de singulares tradições religiosas. Mais do que falar das orações, buscou-se deixar falar as orações mesmas e, com elas, a busca e invocação de Deus, do Mistério ou do Fundo de Si, do Buscado e Ansiado. Cada uma das tradições é portadora de uma alteridade irredutível e que veicula dimensões e facetas únicas e inusitadas do mistério do Deus sempre maior.

Através das inúmeras orações apresentadas ao longo do livro, o leitor poderá perceber os traços visíveis de uma hospitalidade larga, que convoca a uma ecumenicidade ampla e verdadeira, animada por intensa profundidade espiritual. Trata-se, acima de tudo, de um convite à abertura inter-religiosa mediante o caminho da espiritualidade, que toca o nível mais profundo do diálogo, já que possibilita o "enriquecimento recíproco e cooperação fecunda, na promoção e preservação dos valores e dos ideais espirituais mais altos do homem." As orações aqui apresentadas são pontes que facilitam a abertura ao mistério domiciliado no humano, que é simultaneamente transcendente e imanente. A diversidade da experiência não impossibilita a familiaridade de uma busca que é comum e que vem expressa numa oração que não se detém diante das diferenças.

Faustino Teixeira *é professor do Programa de Pós-Graduação em Ciência da Religião da Universidade Federal de Juiz de Fora (MG), pesquisador do CNPq e consultor do ISER Assessoria (RJ). Dentre suas linhas de pesquisa destacam-se: Teologia das Religiões, Diálogo Inter-religioso e Mística Comparada das Religiões. É autor de vários livros entre os quais: Ecumenismo e diálogo inter-religioso, Aparecida: Santuário, 2008; Teologia e pluralismo religioso. São Bernardo do Campo: Nhanduti, 2012; Buscadores de diálogo. São Paulo: Paulinas, 2012; Na fonte do Amado – Malhas da mística cristã. São Paulo: Fonte Editorial, 2017; Religiões em movimento. Petrópolis: Vozes, 2013 (com Renata Menezes – orgs.); Em que creio eu. São Paulo: Terceira Via/Fonte Editorial, 2017 (com Carlos Rodrigues Brandão – orgs.).*

Volney J. Berkenbrock *é doutor em Teologia pela Rheinische Friedrich-Wilhelms--Universität, Bonn, Alemanha. É pesquisador das religiões afro-brasileiras, com enfoque especial na experiência religiosa do Candomblé. Professor do Departamento de Ciência da Religião da Universidade Federal de Juiz de Fora (MG), pesquisador do Programa de Pós-Graduação do mesmo departamento e membro do Instituto Teológico Franciscano de Petrópolis (RJ). Linhas de pesquisa de destaque: Religiões afro-brasileiras (com ênfase para o Candomblé); Religiões e Diálogo; História das Religiões. Autor de diversos livros, capítulos de livros e artigos na área de Teologia e Ciência da Religião.*

CULTURAL

Administração
Antropologia
Biografias
Comunicação
Dinâmicas e Jogos
Ecologia e Meio Ambiente
Educação e Pedagogia
Filosofia
História
Letras e Literatura
Obras de referência
Política
Psicologia
Saúde e Nutrição
Serviço Social e Trabalho
Sociologia

CATEQUÉTICO PASTORAL

Catequese
Geral
Crisma
Primeira Eucaristia

Pastoral
Geral
Sacramental
Familiar
Social
Ensino Religioso Escolar

TEOLÓGICO ESPIRITUAL

Biografias
Devocionários
Espiritualidade e Mística
Espiritualidade Mariana
Franciscanismo
Autoconhecimento
Liturgia
Obras de referência
Sagrada Escritura e Livros Apócrifos

Teologia
Bíblica
Histórica
Prática
Sistemática

VOZES NOBILIS

Uma linha editorial especial, com importantes autores, alto valor agregado e qualidade superior.

REVISTAS

Concilium
Estudos Bíblicos
Grande Sinal
REB (Revista Eclesiástica Brasileira)

VOZES DE BOLSO

Obras clássicas de Ciências Humanas em formato de bolso.

PRODUTOS SAZONAIS

Folhinha do Sagrado Coração de Jesus
Calendário de mesa do Sagrado Coração de Jesus
Agenda do Sagrado Coração de Jesus
Almanaque Santo Antônio
Agendinha
Diário Vozes
Meditações para o dia a dia
Encontro diário com Deus
Guia Litúrgico

CADASTRE-SE
www.vozes.com.br

EDITORA VOZES LTDA.
Rua Frei Luís, 100 – Centro – Cep 25689-900 – Petrópolis, RJ
Tel.: (24) 2233-9000 – Fax: (24) 2231-4676 – E-mail: vendas@vozes.com.br

UNIDADES NO BRASIL: Belo Horizonte, MG – Brasília, DF – Campinas, SP – Cuiabá, MT
Curitiba, PR – Fortaleza, CE – Goiânia, GO – Juiz de Fora, MG
Manaus, AM – Petrópolis, RJ – Porto Alegre, RS – Recife, PE – Rio de Janeiro, RJ
Salvador, BA – São Paulo, SP